TADJIQUE
VOCABULÁRIO

PALAVRAS MAIS ÚTEIS

PORTUGUÊS
TADJIQUE

Para alargar o seu léxico e apurar
as suas competências linguísticas

3000 palavras

Vocabulário Português-Tadjique - 3000 palavras

Por Andrey Taranov

Os vocabulários da T&P Books destinam-se a ajudar a aprender, a memorizar, e a rever palavras estrangeiras. O dicionário é dividido em temas, cobrindo todas as principais esferas de atividades quotidianas, negócios, ciência, cultura, etc.

O processo de aprendizagem, utilizando os dicionários baseados em temáticas da T&P Books dá-lhe as seguintes vantagens:

- Informação de origem corretamente agrupada predetermina o sucesso em fases subsequentes da memorização de palavras
- Disponibilização de palavras derivadas da mesma raiz, o que permite a memorização de unidades de texto (em vez de palavras separadas)
- Pequenas unidades de palavras facilitam o processo de estabelecimento de vínculos associativos necessários para a consolidação do vocabulário
- O nível de conhecimento da língua pode ser estimado pelo número de palavras aprendidas

T&P Books Publishing
www.tpbooks.com

ISBN: 978-1-78400-964-9

Este livro também está disponível em formato E-book.
Por favor visite www.tpbooks.com ou as principais livrarias on-line.

VOCABULÁRIO TADJIQUE
palavras mais úteis

Os vocabulários da T&P Books destinam-se a ajudar a aprender, a memorizar, e a rever palavras estrangeiras. O vocabulário contém mais de 3000 palavras de uso comum organizadas tematicamente.

O vocabulário contém as palavras mais comummente usadas
Recomendado como adicional para qualquer curso de línguas
Satisfaz as necessidades dos iniciados e dos alunos avançados de línguas estrangeiras
Conveniente para o uso diário, sessões de revisão e atividades de auto-teste
Permite avaliar o seu vocabulário

Características especias do vocabulário

* As palavras estão organizadas de acordo com o seu significado, e não por ordem alfabética
* As palavras são apresentadas em três colunas para facilitar os processos de revisão e auto-teste
* As palavras compostas são divididas em pequenos blocos para facilitar o processo de aprendizagem
* O vocabulário oferece uma transcrição simples e adequada de cada palavra estrangeira

O vocabulário contém 101 tópicos incluindo:

Conceitos básicos, Números, Cores, Meses, Estações do ano, Unidades de medida, Roupas & Acessórios, Alimentos & Nutrição, Restaurante, Membros da Família, Parentes, Caráter, Sentimentos, Emoções, Doenças, Cidade, Passeios, Compras, Dinheiro, Casa, Lar, Escritório, Trabalho no Escritório, Importação & Exportação, Marketing, Pesquisa de Emprego, Desportos, Educação, Computador, Internet, Ferramentas, Natureza, Países, Nacionalidades e muito mais ...

TABELA DE CONTEÚDOS

Guia de pronunciação   8
Abreviaturas   10

CONCEITOS BÁSICOS   11

1. Pronomes   11
2. Cumprimentos. Saudações   11
3. Questões   12
4. Preposições   12
5. Palavras funcionais. Advérbios. Parte 1   13
6. Palavras funcionais. Advérbios. Parte 2   15

NÚMEROS. DIVERSOS   16

7. Números cardinais. Parte 1   16
8. Números cardinais. Parte 2   17
9. Números ordinais   17

CORES. UNIDADES DE MEDIDA   18

10. Cores   18
11. Unidades de medida   18
12. Recipientes   19

VERBOS PRINCIPAIS   21

13. Os verbos mais importantes. Parte 1   21
14. Os verbos mais importantes. Parte 2   22
15. Os verbos mais importantes. Parte 3   23
16. Os verbos mais importantes. Parte 4   23

TEMPO. CALENDÁRIO   25

17. Dias da semana   25
18. Horas. Dia e noite   25
19. Meses. Estações   26

VIAGENS. HOTEL	29
20. Viagens	29
21. Hotel	29
22. Turismo	30

TRANSPORTES	32
23. Aeroporto	32
24. Avião	33
25. Comboio	34
26. Barco	35

CIDADE	37
27. Transportes urbanos	37
28. Cidade. Vida na cidade	38
29. Instituições urbanas	39
30. Sinais	40
31. Compras	41

VESTUÁRIO & ACESSÓRIOS	43
32. Roupa exterior. Casacos	43
33. Vestuário de homem & mulher	43
34. Vestuário. Roupa interior	44
35. Adereços de cabeça	44
36. Calçado	44
37. Acessórios pessoais	45
38. Vestuário. Diversos	45
39. Cuidados pessoais. Cosméticos	46
40. Relógios de pulso. Relógios	47

EXPERIÊNCIA DO QUOTIDIANO	48
41. Dinheiro	48
42. Correios. Serviço postal	49
43. Banca	49
44. Telefone. Conversação telefónica	50
45. Telefone móvel	51
46. Estacionário	51
47. Línguas estrangeiras	52

REFEIÇÕES. RESTAURANTE	54
48. Por a mesa	54
49. Restaurante	54
50. Refeições	54
51. Pratos cozinhados	55
52. Comida	56

53.	Bebidas	58
54.	Vegetais	59
55.	Frutos. Nozes	60
56.	Pão. Bolaria	60
57.	Especiarias	61

INFORMAÇÃO PESSOAL. FAMÍLIA 62

58.	Informação pessoal. Formulários	62
59.	Membros da família. Parentes	62
60.	Amigos. Colegas de trabalho	63

CORPO HUMANO. MEDICINA 65

61.	Cabeça	65
62.	Corpo humano	66
63.	Doenças	66
64.	Sintomas. Tratamentos. Parte 1	68
65.	Sintomas. Tratamentos. Parte 2	69
66.	Sintomas. Tratamentos. Parte 3	70
67.	Medicina. Drogas. Acessórios	70

APARTAMENTO 72

68.	Apartamento	72
69.	Mobiliário. Interior	72
70.	Quarto de dormir	73
71.	Cozinha	73
72.	Casa de banho	74
73.	Eletrodomésticos	75

A TERRA. TEMPO 76

74.	Espaço sideral	76
75.	A Terra	77
76.	Pontos cardeais	77
77.	Mar. Oceano	78
78.	Nomes de Mares e Oceanos	79
79.	Montanhas	80
80.	Nomes de montanhas	81
81.	Rios	81
82.	Nomes de rios	82
83.	Floresta	82
84.	Recursos naturais	83
85.	Tempo	84
86.	Tempo extremo. Catástrofes naturais	85

FAUNA 87

87.	Mamíferos. Predadores	87
88.	Animais selvagens	87

89. Animais domésticos   88
90. Pássaros   89
91. Peixes. Animais marinhos   91
92. Amfíbios. Répteis   91
93. Insetos   92

FLORA   93

94. Árvores   93
95. Arbustos   93
96. Frutos. Bagas   94
97. Flores. Plantas   95
98. Cereais, grãos   96

PAÍSES DO MUNDO   97

99. Países. Parte 1   97
100. Países. Parte 2   98
101. Países. Parte 3   99

GUIA DE PRONUNCIAÇÃO

Letra	Exemplo Tadjique	Alfabeto fonético T&P	Exemplo Português
A a	Рахмат!	[a]	chamar
Б б	бесохиб	[b]	barril
В в	вафодорй	[v]	fava
Г г	гулмохй	[g]	gosto
Ғ ғ	мурғобй	[ʁ]	[r] vibrante
Д д	мадд	[d]	dentista
Е е	телескоп	[e:]	plateia
Ё ё	сайёра	[jɔ]	ioga
Ж ж	аждахо	[ʒ]	talvez
З з	сӯзанда	[z]	sésamo
И и	шифт	[i]	sinónimo
Й й	обчакорй	[i:]	cair
Й й	хайкал	[j]	géiser
К к	коргардон	[k]	kiwi
Қ қ	нуқта	[q]	teckel
Л л	пилла	[l]	libra
М м	мусиқачй	[m]	magnólia
Н н	нонвой	[n]	natureza
О о	посбон	[o:]	albatroz
П п	папка	[p]	presente
Р р	чароғак	[r]	riscar
С с	суръат	[s]	sanita
Т т	тарқиш	[t]	tulipa
У у	мухаррик	[u]	bonita
Ӯ ӯ	кӯшк	[œ]	orgulhoso
Ф ф	фурӯш	[f]	safári
Х х	хушксолй	[x]	fricativa uvular surda
Ҳ ҳ	чарогох	[h]	[h] aspirada
Ч ч	чароғ	[ʧ]	Tchau!
Ҷ ҷ	ҷанчол	[ʤ]	adjetivo
Ш ш	нашриёт	[ʃ]	mês
Ъ ъ [1]	таърихдон	[:], [ˈ]	letra muda
Э э	эхтимолй	[ɛ]	mesquita
Ю ю	юнонй	[ju]	nacional
Я я	яхбурча	[ja]	Himalaias

Comentários

[1]   [:] - Prolonga a vogal anterior; ['] - após consoantes é usado como um 'sinal forte'

ABREVIATURAS
usadas no vocabulário

Abreviaturas do Português

adj	-	adjetivo
adv	-	advérbio
anim.	-	animado
conj.	-	conjunção
desp.	-	desporto
etc.	-	etecetra
ex.	-	por exemplo
f	-	nome feminino
f pl	-	feminino plural
fem.	-	feminino
inanim.	-	inanimado
m	-	nome masculino
m pl	-	masculino plural
m, f	-	masculino, feminino
masc.	-	masculino
mat.	-	matemática
mil.	-	militar
pl	-	plural
prep.	-	preposição
pron.	-	pronome
sb.	-	sobre
sing.	-	singular
v aux	-	verbo auxiliar
vi	-	verbo intransitivo
vi, vt	-	verbo intransitivo, transitivo
vr	-	verbo reflexivo
vt	-	verbo transitivo

CONCEITOS BÁSICOS

1. Pronomes

eu	ман	[man]
tu	ту	[tu]
ele	ӯ, вай	[œ], [vaj]
ela	ӯ, вай	[œ], [vaj]
ele, ela (neutro)	он	[on]
nós	мо	[mo]
vocês	шумо	[ʃumo]
você (sing.)	Шумо	[ʃumo]
você (pl)	Шумо	[ʃumo]
eles, elas (inanim.)	онон	[onon]
eles, elas (anim.)	онхо, вайхо	[onho], [vajho]

2. Cumprimentos. Saudações

Olá!	Салом!	[salom]
Bom dia! (formal)	Ассалом!	[assalom]
Bom dia! (de manhã)	Субхатон ба хайр!	[subhaton ba χajr]
Boa tarde!	Рӯз ба хайр!	[rœz ba χajr]
Boa noite!	Шом ба хайр!	[ʃom ba χajr]
cumprimentar (vt)	саломалейк кардан	[salomalejk kardan]
Olá!	Ассалом! Салом!	[assalom salom]
saudação (f)	вохӯрдӣ	[voχœrdi:]
saudar (vt)	вохӯрдӣ кардан	[voχœrdi: kardan]
Como vai?	Корхоятон чӣ хел?	[korhojaton ʧi: χel]
Como vais?	Корхоят чӣ хел?	[korhojat ʧi: χel]
O que há de novo?	Чӣ навигарӣ?	[ʧi: navigari:]
Adeus! (formal)	То дидан!	[to didan]
Até à vista! (informal)	Хайр!	[χajr]
Até breve!	То вохӯрии наздик!	[to voχœri:i nazdik]
Adeus! (sing.)	Падруд!	[padrud]
Adeus! (pl)	Хайрбод! Падруд!	[χajrbod padrud]
despedir-se (vr)	падруд гуфтан	[padrud guftan]
Até logo!	Хайр!	[χajr]
Obrigado! -a!	Рахмат!	[rahmat]
Muito obrigado! -a!	Бисёр рахмат!	[bisjor rahmat]
De nada	Мархамат!	[marhamat]
Não tem de quê	Намеарзад	[namearzad]
De nada	Намеарзад	[namearzad]

Desculpa!	Бубахш!	[bubaχʃ]
Desculpe!	Бубахшед!	[bubaχʃed]
desculpar (vt)	афв кардан	[afv kardan]

desculpar-se (vr)	узр пурсидан	[uzr pursidan]
As minhas desculpas	Маро бубахшед	[maro bubaχʃed]
Desculpe!	Бубахшед!	[bubaχʃed]
perdoar (vt)	бахшидан	[baχʃidan]
Não faz mal	Ҳеч гап не	[hetʃ gap ne]
por favor	илтимос	[iltimos]

Não se esqueça!	Фаромӯш накунед!	[faromœʃ nakuned]
Certamente! Claro!	Албатта!	[albatta]
Claro que não!	Албатта не!	[albatta ne]
Está bem! De acordo!	Розй!	[rozi:]
Basta!	Бас!	[bas]

3. Questões

Quem?	Кй?	[ki:]
Que?	Чй?	[tʃi:]
Onde?	Дар кучо?	[dar kudʒo]
Para onde?	Кучо?	[kudʒo]
De onde?	Аз кучо?	[az kudʒo]
Quando?	Кай?	[kaj]
Para quê?	Барои чй?	[baroi tʃi:]
Porquê?	Барои чй?	[baroi tʃi:]

Para quê?	Барои чй?	[baroi tʃi:]
Como?	Чй хел?	[tʃi: χel]
Qual?	Кадом?	[kadom]
Qual? (entre dois ou mais)	Чанд? Чандум?	[tʃand tʃandum]

A quem?	Ба кй?	[ba ki:]
Sobre quem?	Дар бораи кй?	[dar borai ki:]
Do quê?	Дар бораи чй?	[dar borai tʃi:]
Com quem?	Бо кй?	[bo ki:]

Quantos? -as?	Чанд-то?	[tʃand-to]
Quanto?	Чй қадар?	[tʃi: qadar]
De quem?	Аз они кй?	[az oni ki:]

4. Preposições

com (prep.)	бо, ҳамроҳи	[bo], [hamrohi]
sem (prep.)	бе	[be]
a, para (exprime lugar)	ба	[ba]
sobre (ex. falar ~)	дар бораи	[dar borai]
antes de ...	пеш аз	[peʃ az]
diante de ...	дар пеши	[dar peʃi]
sob (debaixo de)	таги	[tagi]
sobre (em cima de)	дар болои	[dar boloi]

sobre (~ a mesa)	ба болои	[ba boloi]
de (vir ~ Lisboa)	аз	[az]
de (feito ~ pedra)	аз	[az]

dentro de (~ dez minutos)	баъд аз	[ba'd az]
por cima de ...	аз болои ...	[az boloi]

5. Palavras funcionais. Advérbios. Parte 1

Onde?	Дар кучо?	[dar kudʒo]
aqui	ин чо	[in dʒo]
lá, ali	он чо	[on dʒo]

em algum lugar	дар кучое	[dar kudʒoe]
em lugar nenhum	дар хеч чо	[dar hedʒ dʒo]

ao pé de ...	дар назди ...	[dar nazdi]
ao pé da janela	дар назди тиреза	[dar nazdi tireza]

Para onde?	Кучо?	[kudʒo]
para cá	ин чо	[in tʃo]
para lá	ба он чо	[ba on dʒo]
daqui	аз ин чо	[az in dʒo]
de lá, dali	аз он чо	[az on dʒo]

perto	наздик	[nazdik]
longe	дур	[dur]

perto de ...	дар бари	[dar bari]
ao lado de	бисёр наздик	[bisjor nazdik]
perto, não fica longe	наздик	[nazdik]

esquerdo	чап	[tʃap]
à esquerda	аз чап	[az tʃap]
para esquerda	ба тарафи чап	[ba tarafi tʃap]

direito	рост	[rost]
à direita	аз рост	[az rost]
para direita	ба тарафи рост	[ba tarafi rost]

à frente	аз пеш	[az peʃ]
da frente	пешин	[peʃin]
em frente (para a frente)	ба пеш	[ba peʃ]

atrás de ...	дар қафои	[dar qafoi]
por detrás (vir ~)	аз қафо	[az qafo]
para trás	ақиб	[aqib]

meio (m), metade (f)	миёна	[mijona]
no meio	дар миёна	[dar mijona]

de lado	аз паҳлу	[az pahlu]
em todo lugar	дар ҳар чо	[dar har dʒo]
ao redor (olhar ~)	гирду атроф	[girdu atrof]

13

de dentro	аз дарун	[az darun]
para algum lugar	ба ким-кучо	[ba kim-kudʒo]
diretamente	миёнбур карда	[mijɔnbur karda]
de volta	ба ақиб	[ba aqib]

de algum lugar	аз ягон чо	[az jagon dʒo]
de um lugar	аз як чо	[az jak dʒo]

em primeiro lugar	аввалан	[avvalan]
em segundo lugar	дуюм	[dujum]
em terceiro lugar	сеюм	[sejum]

de repente	ногоҳ, баногоҳ	[nogoh], [banogoh]
no início	дар аввал	[dar avval]
pela primeira vez	якумин	[jakumin]
muito antes de ...	хеле пеш	[xele peʃ]
de novo, novamente	аз нав	[az nav]
para sempre	тамоман	[tamoman]

nunca	ҳеч гоҳ	[hedʒ goh]
de novo	боз, аз дигар	[boz], [az digar]
agora	акнун	[aknun]
frequentemente	тез-тез	[tez-tez]
então	он вақт	[on vaqt]
urgentemente	зуд, фавран	[zud], [favran]
usualmente	одатан	[odatan]

a propósito, ...	воқеан	[voqean]
é possível	шояд	[ʃojad]
provavelmente	эҳтимол	[ɛhtimol]
talvez	эҳтимол, шояд	[ɛhtimol], [ʃojad]
além disso, ...	ғайр аз он	[ʁajr az on]
por isso ...	бинобар ин	[binobar in]
apesar de ...	ба ин нигоҳ накарда	[ba in nigoh nakarda]
graças a ...	ба туфайли ...	[ba tufajli]

que (pron.)	чй	[tʃiː]
que (conj.)	ки	[ki]
algo	чизе	[tʃize]

alguma coisa	ягон чиз	[jagon tʃiz]
nada	ҳеч чиз	[hedʒ tʃiz]

quem	кй	[kiː]
alguém (~ teve uma ideia ...)	ким-кй	[kim-kiː]
alguém	касе	[kase]

ninguém	ҳеч кас	[hedʒ kas]
para lugar nenhum	ба ҳеч кучо	[ba hedʒ kudʒo]

de ninguém	бесоҳиб	[besohib]
de alguém	аз они касе	[az oni kase]

tão	чунон	[tʃunon]
também (gostaria ~ de ...)	ҳам	[ham]
também (~ eu)	низ, ҳам	[niz], [ham]

6. Palavras funcionais. Advérbios. Parte 2

Porquê?	Барои чй?	[baroi tʃi:]
por alguma razão	бо ким-кадом сабаб	[bo kim-kadom sabab]
porque ...	зеро ки	[zero ki]
por qualquer razão	барои чизе	[baroi tʃize]

e (tu ~ eu)	ва, ... у, ... ю	[va], [u], [ju]
ou (ser ~ não ser)	ё	[jɔ]
mas (porém)	аммо, лекин	[ammo], [lekin]
para (~ a minha mãe)	барои	[baroi]

demasiado, muito	аз меъёр зиёд	[az me'jɔr zijɔd]
só, somente	фақат	[faqat]
exatamente	айнан	[ajnan]
cerca de (~ 10 kg)	тақрибан	[taqriban]

aproximadamente	тақрибан	[taqriban]
aproximado	тақрибй	[taqribi:]
quase	қариб	[qarib]
resto (m)	боқимонда	[boqimonda]

o outro (segundo)	дигар	[digar]
outro	дигар	[digar]
cada	ҳар	[har]
qualquer	ҳар	[har]
muito	бисёр, хеле	[bisjɔr], [χele]
muitas pessoas	бисёриҳо	[bisjɔriho]
todos	ҳама	[hama]

em troca de ...	ба ивази	[ba ivazi]
em troca	ба ивазаш	[ba ivazaʃ]
à mão	дастй	[dasti:]
pouco provável	ба гумон	[ba gumon]

provavelmente	эҳтимол, шояд	[ɛhtimol], [ʃojad]
de propósito	барқасд	[barqasd]
por acidente	тасодуфан	[tasodufan]

muito	хеле	[χele]
por exemplo	масалан, чунончи	[masalan], [tʃunontʃi]
entre	дар байни	[dar bajni]
entre (no meio de)	дар байни ...	[dar bajni]
tanto	ин қадар	[in qadar]
especialmente	хусусан	[χususan]

NÚMEROS. DIVERSOS

7. Números cardinais. Parte 1

zero	сифр	[sifr]
um	як	[jak]
dois	ду	[du]
três	се	[se]
quatro	чор, чаҳор	[tʃor], [tʃahor]

cinco	панҷ	[pandʒ]
seis	шаш	[ʃaʃ]
sete	ҳафт	[haft]
oito	ҳашт	[haʃt]
nove	нуҳ	[nuh]

dez	даҳ	[dah]
onze	ёздаҳ	[jɔzdah]
doze	дувоздаҳ	[duvozdah]
treze	сездаҳ	[sezdah]
catorze	чордаҳ	[tʃordah]

quinze	понздаҳ	[ponzdah]
dezasseis	шонздаҳ	[ʃonzdah]
dezassete	ҳафдаҳ	[hafdah]
dezoito	ҳаждаҳ	[haʒdah]
dezanove	нуздаҳ	[nuzdah]

vinte	бист	[bist]
vinte e um	бисту як	[bistu jak]
vinte e dois	бисту ду	[bistu du]
vinte e três	бисту се	[bistu se]

trinta	сӣ	[si:]
trinta e um	сию як	[siju jak]
trinta e dois	сию ду	[siju du]
trinta e três	сию се	[siju se]

quarenta	чил	[tʃil]
quarenta e um	чилу як	[tʃilu jak]
quarenta e dois	чилу ду	[tʃilu du]
quarenta e três	чилу се	[tʃilu se]

cinquenta	панҷоҳ	[pandʒoh]
cinquenta e um	панҷоху як	[pandʒohu jak]
cinquenta e dois	панҷоху ду	[pandʒohu du]
cinquenta e três	панҷоху се	[pandʒohu se]

sessenta	шаст	[ʃast]
sessenta e um	шасту як	[ʃastu jak]

| sessenta e dois | шасту ду | [ʃastu du] |
| sessenta e três | шасту се | [ʃastu se] |

setenta	ҳафтод	[haftod]
setenta e um	ҳафтоду як	[haftodu jak]
setenta e dois	ҳафтоду ду	[haftodu du]
setenta e três	ҳафтоду се	[haftodu se]

oitenta	ҳаштод	[haʃtod]
oitenta e um	ҳаштоду як	[haʃtodu jak]
oitenta e dois	ҳаштоду ду	[haʃtodu du]
oitenta e três	ҳаштоду се	[haʃtodu se]

noventa	навад	[navad]
noventa e um	наваду як	[navadu jak]
noventa e dois	наваду ду	[navadu du]
noventa e três	наваду се	[navadu se]

8. Números cardinais. Parte 2

cem	сад	[sad]
duzentos	дусад	[dusad]
trezentos	сесад	[sesad]
quatrocentos	чорсад, чаҳорсад	[ʧorsad], [ʧahorsad]
quinhentos	панҷсад	[panʤsad]

seiscentos	шашсад	[ʃaʃsad]
setecentos	ҳафтсад	[haftsad]
oitocentos	ҳаштсад	[haʃtsad]
novecentos	нӯҳсадум	[nœhsadum]

mil	ҳазор	[hazor]
dois mil	ду ҳазор	[du hazor]
De quem são ...?	се ҳазор	[se hazor]
dez mil	даҳ ҳазор	[dah hazor]
cem mil	сад ҳазор	[sad hazor]
um milhão	миллион	[million]
mil milhões	миллиард	[milliard]

9. Números ordinais

primeiro	якум	[jakum]
segundo	дуюм	[dujum]
terceiro	сеюм	[sejum]
quarto	чорум	[ʧorum]
quinto	панҷум	[panʤum]

sexto	шашум	[ʃaʃum]
sétimo	ҳафтум	[haftum]
oitavo	ҳаштум	[haʃtum]
nono	нӯҳум	[nœhum]
décimo	даҳӯм	[dahœm]

CORES. UNIDADES DE MEDIDA

10. Cores

cor (f)	ранг	[rang]
matiz (m)	тобиш	[tobiʃ]
tom (m)	тобиш, лавн	[tobiʃ], [lavn]
arco-íris (m)	рангинкамон	[ranginkamon]
branco	сафед	[safed]
preto	сиёх	[sijɔh]
cinzento	адкан	[adkan]
verde	сабз, кабуд	[sabz], [kabud]
amarelo	зард	[zard]
vermelho	сурх, арғувонӣ	[surχ], [arʁuvoni:]
azul	кабуд	[kabud]
azul claro	осмонӣ	[osmoni:]
rosa	гулобӣ	[gulobi:]
laranja	норанчӣ	[norandʒi:]
violeta	бунафш	[bunafʃ]
castanho	қаҳвагӣ	[qahvagi:]
dourado	тиллоранг	[tillorang]
prateado	нуқрафом	[nuqrafom]
bege	каҳваранг	[kahvarang]
creme	зардтоб	[zardtob]
turquesa	фирӯзаранг	[firœzarang]
vermelho cereja	олуболугӣ	[olubolugi:]
lilás	бунафш, нофармон	[bunafʃ], [nofarmon]
carmesim	сурхи сиехтоб	[surχi siehtob]
claro	кушод	[kuʃod]
escuro	торик	[torik]
vivo	тоза	[toza]
de cor	ранга	[ranga]
a cores	ранга	[ranga]
preto e branco	сиёху сафед	[sijɔhu safed]
unicolor	якранга	[jakranga]
multicor	рангоранг	[rangorang]

11. Unidades de medida

peso (m)	вазн	[vazn]
comprimento (m)	дарозӣ	[darozi:]

largura (f)	арз	[arz]
altura (f)	баландӣ	[balandi:]
profundidade (f)	чуқурӣ	[ʧuquri:]
volume (m)	ҳаҷм	[hadʒm]
área (f)	масоҳат	[masohat]

grama (m)	грам	[gram]
miligrama (m)	миллиграмм	[milligramm]
quilograma (m)	килограмм	[kilogramm]
tonelada (f)	тонна	[tonna]
libra (453,6 gramas)	қадоқ	[qadoq]
onça (f)	вақия	[vaqija]

metro (m)	метр	[metr]
milímetro (m)	миллиметр	[millimetr]
centímetro (m)	сантиметр	[santimetr]
quilómetro (m)	километр	[kilometr]
milha (f)	мил	[mil]

pé (304,74 mm)	фут	[fut]
jarda (914,383 mm)	ярд	[jard]

metro (m) quadrado	метри квадратӣ	[metri kvadrati:]
hectare (m)	гектар	[gektar]

litro (m)	литр	[litr]
grau (m)	дараҷа	[daradʒa]
volt (m)	волт	[volt]
ampere (m)	ампер	[amper]
cavalo-vapor (m)	қувваи асп	[quvvai asp]

quantidade (f)	миқдор	[miqdor]
um pouco de …	камтар	[kamtar]
metade (f)	нисф	[nisf]
peça (f)	дона	[dona]

dimensão (f)	ҳаҷм	[hadʒm]
escala (f)	масштаб	[masʃtab]

mínimo	камтарин	[kamtarin]
menor, mais pequeno	хурдтарин	[χurdtarin]
médio	миёна	[mijona]
máximo	ниҳоят калон	[nihojat kalon]
maior, mais grande	калонтарин	[kalontarin]

12. Recipientes

boião (m) de vidro	банкаи шишагӣ	[bankai ʃʃagi:]
lata (~ de cerveja)	банкаи тунукагӣ	[bankai tunukagi:]
balde (m)	сатил	[satil]
barril (m)	бочка, чалак	[botʃka], [ʧalak]

bacia (~ de plástico)	тағора	[taʁora]
tanque (m)	бак, чалак	[bak], [ʧalak]

cantil (m) de bolso	обдон	[obdon]
bidão (m) de gasolina	канистра	[kanistra]
cisterna (f)	систерна	[sisterna]

caneca (f)	кружка, дӯлча	[kruʒka], [dœltʃa]
chávena (f)	косача	[kosatʃa]
pires (m)	тақсимй, тақсимича	[taqsimi:], [taqsimitʃa]
copo (m)	стакан	[stakan]
taça (f) de vinho	бокал	[bokal]
panela, caçarola (f)	дегча	[degtʃa]

garrafa (f)	шиша, сурохӣ	[ʃiʃa], [surohi:]
gargalo (m)	даҳани шиша	[dahani ʃiʃa]

jarro, garrafa (f)	сурохӣ	[surohi:]
jarro (m) de barro	кӯза	[kœza]
recipiente (m)	зарф	[zarf]
pote (m)	хурмача	[xurmatʃa]
vaso (m)	гулдон	[guldon]

frasco (~ de perfume)	шиша	[ʃiʃa]
frasquinho (ex. ~ de iodo)	ҳубобча	[hubobtʃa]
tubo (~ de pasta dentífrica)	лӯлача	[lœlatʃa]

saca (ex. ~ de açúcar)	халта	[xalta]
saco (~ de plástico)	халта	[xalta]
maço (m)	қуттй	[qutti:]

caixa (~ de sapatos, etc.)	қуттй	[qutti:]
caixa (~ de madeira)	қуттй	[qutti:]
cesta (f)	сабад	[sabad]

VERBOS PRINCIPAIS

13. Os verbos mais importantes. Parte 1

abrir (vt)	кушодан	[kuʃodan]
acabar, terminar (vt)	тамом кардан	[tamom kardan]
aconselhar (vt)	маслиҳат додан	[maslihat dodan]
adivinhar (vt)	ёфтан	[joftan]
advertir (vt)	танбеҳ додан	[tanbeh dodan]
ajudar (vt)	кумак кардан	[kumak kardan]
almoçar (vi)	хӯроки пешин хӯрдан	[χœroki peʃin χœrdan]
alugar (~ um apartamento)	ба иҷора гирифтан	[ba idʒora giriftan]
amar (vt)	дӯст доштан	[dœst doʃtan]
ameaçar (vt)	дӯғ задан	[dœʁ zadan]
anotar (escrever)	навиштан	[naviʃtan]
apanhar (vt)	доштан	[doʃtan]
apressar-se (vr)	шитоб кардан	[ʃitob kardan]
arrepender-se (vr)	таассуф хӯрдан	[taassuf χœrdan]
assinar (vt)	имзо кардан	[imzo kardan]
atirar, disparar (vi)	тир задан	[tir zadan]
brincar (vi)	шӯхӣ кардан	[ʃœχi: kardan]
brincar, jogar (crianças)	бозӣ кардан	[bozi: kardan]
buscar (vt)	ҷустан	[dʒustan]
caçar (vi)	шикор кардан	[ʃikor kardan]
cair (vi)	афтодан	[aftodan]
cavar (vt)	кофтан	[koftan]
cessar (vt)	бас кардан	[bas kardan]
chamar (~ por socorro)	чеғ задан	[dʒeʁ zadan]
chegar (vi)	расидан	[rasidan]
chorar (vi)	гиря кардан	[girja kardan]
começar (vt)	сар кардан	[sar kardan]
comparar (vt)	муқоиса кардан	[muqoisa kardan]
compreender (vt)	фаҳмидан	[fahmidan]
concordar (vi)	розигӣ додан	[rozigi: dodan]
confiar (vt)	бовар кардан	[bovar kardan]
confundir (equivocar-se)	иштибоҳ кардан	[iʃtiboh kardan]
conhecer (vt)	донистан	[donistan]
contar (fazer contas)	ҳисоб кардан	[hisob kardan]
contar com (esperar)	умед бастан	[umed bastan]
continuar (vt)	давомат кардан	[davomat kardan]
controlar (vt)	назорат кардан	[nazorat kardan]
convidar (vt)	даъват кардан	[da'vat kardan]
correr (vi)	давидан	[davidan]

| criar (vt) | офаридан | [ofaridan] |
| custar (vt) | арзидан | [arzidan] |

14. Os verbos mais importantes. Parte 2

dar (vt)	додан	[dodan]
dar uma dica	луқма додан	[luqma dodan]
decorar (enfeitar)	оростан	[orostan]
defender (vt)	муҳофиза кардан	[muhofiza kardan]
deixar cair (vt)	афтондан	[aftondan]

descer (para baixo)	фуромадан	[furomadan]
desculpar (vt)	афв кардан	[afv kardan]
desculpar-se (vr)	узр пурсидан	[uzr pursidan]
dirigir (~ uma empresa)	сардорӣ кардан	[sardori: kardan]
discutir (notícias, etc.)	муҳокима кардан	[muhokima kardan]
dizer (vt)	гуфтан	[guftan]

duvidar (vt)	шак доштан	[ʃak doʃtan]
encontrar (achar)	ёфтан	[joftan]
enganar (vt)	фирефтан	[fireftan]
entrar (na sala, etc.)	даромадан	[daromadan]
enviar (uma carta)	ирсол кардан	[irsol kardan]

errar (equivocar-se)	хато кардан	[χato kardan]
escolher (vt)	интихоб кардан	[intiχob kardan]
esconder (vt)	пинҳон кардан	[pinhon kardan]
escrever (vt)	навиштан	[naviʃtan]
esperar (o autocarro, etc.)	поидан	[poidan]

esperar (ter esperança)	умед доштан	[umed doʃtan]
esquecer (vt)	фаромӯш кардан	[faromœʃ kardan]
estudar (vt)	омӯхтан	[omœχtan]

| exigir (vt) | талаб кардан | [talab kardan] |
| existir (vi) | зиндагӣ кардан | [zindagi: kardan] |

falar (vi)	гап задан	[gap zadan]
faltar (clases, etc.)	набудан	[nabudan]
fazer (vt)	кардан	[kardan]

| ficar em silêncio | хомӯш будан | [χomœʃ budan] |
| gabar-se, jactar-se (vr) | худситой кардан | [χudsitoi: kardan] |

gostar (apreciar)	форидан	[foridan]
gritar (vi)	дод задан	[dod zadan]
guardar (cartas, etc.)	нигоҳ доштан	[nigoh doʃtan]
informar (vt)	ахборот додан	[aχborot dodan]
insistir (vi)	сахт истодан	[saχt istodan]
insultar (vt)	таҳқир кардан	[tahqir kardan]
interessar-se (vr)	ҳавас кардан	[havas kardan]
ir (a pé)	рафтан	[raftan]
ir nadar	оббозӣ кардан	[obbozi: kardan]
jantar (vi)	хӯроки шом хӯрдан	[χœroki ʃom χœrdan]

15. Os verbos mais importantes. Parte 3

ler (vt)	хондан	[xondan]
libertar (cidade, etc.)	озод кардан	[ozod kardan]
matar (vt)	куштан	[kuʃtan]
mencionar (vt)	гуфта гузаштан	[gufta guzaʃtan]
mostrar (vt)	нишон додан	[niʃon dodan]

mudar (modificar)	иваз кардан	[ivaz kardan]
nadar (vi)	шино кардан	[ʃino kardan]
negar-se a ...	рад кардан	[rad kardan]
objetar (vt)	зид баромадан	[zid baromadan]

observar (vt)	назорат кардан	[nazorat kardan]
ordenar (mil.)	фармон додан	[farmon dodan]
ouvir (vt)	шунидан	[ʃunidan]
pagar (vt)	пул додан	[pul dodan]
parar (vi)	истодан	[istodan]

participar (vi)	иштирок кардан	[iʃtirok kardan]
pedir (comida)	супоридан	[suporidan]
pedir (um favor, etc.)	пурсидан	[pursidan]
pegar (tomar)	гирифтан	[giriftan]
pensar (vt)	фикр кардан	[fikr kardan]

perceber (ver)	дида мондан	[dida mondan]
perdoar (vt)	бахшидан	[baxʃidan]
perguntar (vt)	пурсидан	[pursidan]
permitir (vt)	ичозат додан	[idʒozat dodan]
pertencer a ...	таалуқ доштан	[taaluq doʃtan]

planear (vt)	нақша кашидан	[naqʃa kaʃidan]
poder (vi)	тавонистан	[tavonistan]
possuir (vt)	соҳиб будан	[sohib budan]
preferir (vt)	бехтар донистан	[bextar donistan]
preparar (vt)	пухтан	[puxtan]

prever (vt)	пешбинй кардан	[peʃbini: kardan]
prometer (vt)	ваъда додан	[va'da dodan]
pronunciar (vt)	талаффуз кардан	[talaffuz kardan]
propor (vt)	таклиф кардан	[taklif kardan]
punir (castigar)	чазо додан	[dʒazo dodan]

16. Os verbos mais importantes. Parte 4

quebrar (vt)	шикастан	[ʃikastan]
queixar-se (vr)	шикоят кардан	[ʃikojat kardan]
querer (desejar)	хостан	[xostan]
recomendar (vt)	маслиҳат додан	[maslihat dodan]
repetir (dizer outra vez)	такрор кардан	[takror kardan]

| repreender (vt) | дашном додан | [daʃnom dodan] |
| reservar (~ um quarto) | нигоҳ доштан | [nigoh doʃtan] |

responder (vt)	чавоб додан	[dʒavob dodan]
rezar, orar (vi)	намоз хондан	[namoz χondan]
rir (vi)	хандидан	[χandidan]
roubar (vt)	дуздидан	[duzdidan]
saber (vt)	донистан	[donistan]
sair (~ de casa)	баромадан	[baromadan]
salvar (vt)	начот додан	[nadʒot dodan]
seguir ...	рафтан	[raftan]
sentar-se (vr)	нишастан	[niʃastan]
ser necessário	даркор будан	[darkor budan]
ser, estar	будан	[budan]
significar (vt)	маъно доштан	[ma'no doʃtan]
sorrir (vi)	табассум кардан	[tabassum kardan]
subestimar (vt)	хунукназарй кардан	[χunuknazari: kardan]
surpreender-se (vr)	ба ҳайрат афтодан	[ba hajrat aftodan]
tentar (vt)	озмоиш кардан	[ozmoiʃ kardan]
ter (vt)	доштан	[doʃtan]
ter fome	хӯрок хостан	[χœrok χostan]
ter medo	тарсидан	[tarsidan]
ter sede	об хостан	[ob χostan]
tocar (com as mãos)	даст расондан	[dast rasondan]
tomar o pequeno-almoço	ноништа кардан	[noniʃta kardan]
trabalhar (vi)	кор кардан	[kor kardan]
traduzir (vt)	тарчума кардан	[tardʒuma kardan]
unir (vt)	якчоя кардан	[jakdʒoja kardan]
vender (vt)	фурӯхтан	[furœχtan]
ver (vt)	дидан	[didan]
virar (ex. ~ à direita)	гардонидан	[gardonidan]
voar (vi)	паридан	[paridan]

TEMPO. CALENDÁRIO

17. Dias da semana

segunda-feira (f)	душанбе	[duʃanbe]
terça-feira (f)	сешанбе	[seʃanbe]
quarta-feira (f)	чоршанбе	[tʃorʃanbe]
quinta-feira (f)	панчшанбе	[pandʒʃanbe]
sexta-feira (f)	чумъа	[dʒum'a]
sábado (m)	шанбе	[ʃanbe]
domingo (m)	якшанбе	[jakʃanbe]
hoje	импрӯз	[imrœz]
amanhã	пагоҳ, фардо	[pagoh], [fardo]
depois de amanhã	пасфардо	[pasfardo]
ontem	дирӯз, дина	[dirœz], [dina]
anteontem	парирӯз	[parirœz]
dia (m)	рӯз	[rœz]
dia (m) de trabalho	рӯзи кор	[rœzi kor]
feriado (m)	рӯзи ид	[rœzi id]
dia (m) de folga	рӯзи истироҳат	[rœzi istirohat]
fim (m) de semana	рӯзҳои истироҳат	[rœzhoi istirohat]
o dia todo	тамоми рӯз	[tamomi rœz]
no dia seguinte	рӯзи дигар	[rœzi digar]
há dois dias	ду рӯз пеш	[du rœz peʃ]
na véspera	як рӯз пеш	[jak rœz peʃ]
diário	ҳаррӯза	[harrœza]
todos os dias	ҳар рӯз	[har rœz]
semana (f)	ҳафта	[hafta]
na semana passada	ҳафтаи гузашта	[haftai guzaʃta]
na próxima semana	ҳафтаи оянда	[haftai ojanda]
semanal	ҳафтаина	[haftaina]
cada semana	ҳар ҳафта	[har hafta]
duas vezes por semana	ҳафтае ду маротиба	[haftae du marotiba]
cada terça-feira	ҳар сешанбе	[har seʃanbe]

18. Horas. Dia e noite

manhã (f)	пагоҳӣ	[pagohi:]
de manhã	пагоҳирӯзӣ	[pagohirœzi:]
meio-dia (m)	нисфи рӯз	[nisfi rœz]
à tarde	баъди пешин	[ba'di peʃin]
noite (f)	бегоҳ, бегоҳирӯз	[begoh], [begohirœz]
à noite (noitinha)	бегоҳӣ, бегоҳирӯзӣ	[begohi:], [begohirœzi:]

noite (f)	шаб	[ʃab]
à noite	шабона	[ʃabona]
meia-noite (f)	нисфи шаб	[nisfi ʃab]

segundo (m)	сония	[sonija]
minuto (m)	дақиқа	[daqiqa]
hora (f)	соат	[soat]
meia hora (f)	нимсоат	[nimsoat]
quarto (m) de hora	чоряки соат	[tʃorjaki soat]
quinze minutos	понздаҳ дақиқа	[ponzdah daqiqa]
vinte e quatro horas	шабонарӯз	[ʃabonarœz]

nascer (m) do sol	тулӯъ	[tulœ']
amanhecer (m)	субҳидам	[subhidam]
madrugada (f)	субҳи барвақт	[subhi barvaqt]
pôr do sol (m)	ғуруби офтоб	[ʁurubi oftob]

de madrugada	субҳи барвақт	[subhi barvaqt]
hoje de manhã	имрӯз пагоҳӣ	[imrœz pagohi:]
amanhã de manhã	пагоҳ саҳарӣ	[pagoh sahari:]

hoje à tarde	имрӯз	[imrœz]
à tarde	баъди пешин	[ba'di peʃin]
amanhã à tarde	пагоҳ баъди пешин	[pagoh ba'di peʃin]

hoje à noite	ҳамин бегоҳ	[hamin begoh]
amanhã à noite	фардо бегоҳӣ	[fardo begohi:]

às três horas em ponto	расо соати се	[raso soati se]
por volta das quatro	наздикии соати чор	[nazdiki:i soati tʃor]
às doze	соатҳои дувоздаҳ	[soathoi duvozdah]

dentro de vinte minutos	баъд аз бист дақиқа	[ba'd az bist daqiqa]
dentro duma hora	баъд аз як соат	[ba'd az jak soat]
a tempo	дар вақташ	[dar vaqtaʃ]

menos um quarto	понздаҳто кам	[ponzdahto kam]
durante uma hora	дар давоми як соат	[dar davomi jak soat]
a cada quinze minutos	ҳар понздаҳ дақиқа	[har ponzdah daqiqa]
as vinte e quatro horas	шабу рӯз	[ʃabu rœz]

19. Meses. Estações

janeiro (m)	январ	[janvar]
fevereiro (m)	феврал	[fevral]
março (m)	март	[mart]
abril (m)	апрел	[aprel]
maio (m)	май	[maj]
junho (m)	июн	[ijun]

julho (m)	июл	[ijul]
agosto (m)	август	[avgust]
setembro (m)	сентябр	[sentjabr]
outubro (m)	октябр	[oktjabr]

| novembro (m) | ноябр | [nojabr] |
| dezembro (m) | декабр | [dekabr] |

primavera (f)	баҳор, баҳорон	[bahor], [bahoron]
na primavera	дар фасли баҳор	[dar fasli bahor]
primaveril	баҳорӣ	[bahori:]

verão (m)	тобистон	[tobiston]
no verão	дар тобистон	[dar tobiston]
de verão	тобистона	[tobistona]

outono (m)	тирамоҳ	[tiramoh]
no outono	дар тирамоҳ	[dar tiramoh]
outonal	... и тирамоҳ	[i tiramoh]

inverno (m)	зимистон	[zimiston]
no inverno	дар зимистон	[dar zimiston]
de inverno	зимистонӣ, ... и зимистон	[zimistoni:], [i zimiston]

mês (m)	моҳ	[moh]
este mês	ҳамин моҳ	[hamin moh]
no próximo mês	дар моҳи оянда	[dar mohi ojanda]
no mês passado	дар моҳи гузашта	[dar mohi guzaʃta]

há um mês	як моҳ пеш	[jak moh peʃ]
dentro de um mês	баъд аз як моҳ	[ba'd az jak moh]
dentro de dois meses	баъд аз ду моҳ	[ba'd az du moh]
todo o mês	тамоми моҳ	[tamomi moh]
um mês inteiro	тамоми моҳ	[tamomi moh]

mensal	ҳармоҳа	[harmoha]
mensalmente	ҳар моҳ	[har moh]
cada mês	ҳар моҳ	[har moh]
duas vezes por mês	ду маротиба дар як моҳ	[du marotiba dar jak moh]

ano (m)	сол	[sol]
este ano	ҳамин сол	[hamin sol]
no próximo ano	соли оянда	[soli ojanda]
no ano passado	соли гузашта	[soli guzaʃta]

há um ano	як сол пеш	[jak sol peʃ]
dentro dum ano	баъд аз як сол	[ba'd az jak sol]
dentro de 2 anos	баъд аз ду сол	[ba'd az du sol]
todo o ano	тамоми сол	[tamomi sol]
um ano inteiro	як соли пурра	[jak soli purra]

cada ano	ҳар сол	[har sol]
anual	ҳарсола	[harsola]
anualmente	ҳар сол	[har sol]
quatro vezes por ano	чор маротиба дар як сол	[ʧor marotiba dar jak sol]

data (~ de hoje)	таърих, рӯз	[ta'riχ], [rœz]
data (ex. ~ de nascimento)	сана	[sana]
calendário (m)	тақвим, солнома	[taqvim], [solnoma]
meio ano	ним сол	[nim sol]
seis meses	нимсола	[nimsola]

| estação (f) | фасл | [fasl] |
| século (m) | аср | [asr] |

VIAGENS. HOTEL

20. Viagens

turismo (m)	туризм, саёхат	[turizm], [sajɔχat]
turista (m)	саёхатчй	[sajɔhattʃi:]
viagem (f)	саёхат	[sajɔhat]
aventura (f)	саргузашт	[sarguzaʃt]
viagem (f)	сафар	[safar]
férias (f pl)	рухсатй	[ruχsati:]
estar de férias	дар рухсатй будан	[dar ruχsati: budan]
descanso (m)	истирохат	[istirohat]
comboio (m)	поезд, қатор	[poezd], [qator]
de comboio (chegar ~)	бо қатора	[bo qatora]
avião (m)	хавопаймо	[havopajmo]
de avião	бо хавопаймо	[bo havopajmo]
de carro	бо мошин	[bo moʃin]
de navio	бо киштй	[bo kiʃti:]
bagagem (f)	бағоч, бор	[baʁodʒ], [bor]
mala (f)	чомадон	[dʒomadon]
carrinho (m)	аробаи бағочкашй	[arobai boʁotʃkaʃi:]
passaporte (m)	шиносномa	[ʃinosnoma]
visto (m)	виза	[viza]
bilhete (m)	билет	[bilet]
bilhete (m) de avião	чиптаи хавопаймо	[tʃiptai havopajmo]
guia (m) de viagem	рохнома	[rohnoma]
mapa (m)	харита	[χarita]
local (m), area (f)	чой, махал	[dʒoj], [mahal]
lugar, sítio (m)	чой	[dʒoj]
exotismo (m)	ғароибот	[ʁaroibot]
exótico	... и ғароиб	[i ʁaroib]
surpreendente	хайратангез	[hajratangez]
grupo (m)	гурӯх	[gurœh]
excursão (f)	экскурсия, саёхат	[ɛkskursija], [sajɔhat]
guia (m)	рохбари экскурсия	[rohbari ɛkskursija]

21. Hotel

hotel (m)	мехмонхона	[mehmonχona]
motel (m)	мехмонхона	[mehmonχona]
três estrelas	се ситорадор	[se sitorador]

| cinco estrelas | панҷ ситорадор | [pandʒ sitorador] |
| ficar (~ num hotel) | фуромадан | [furomadan] |

quarto (m)	хуҷра	[hudʒra]
quarto (m) individual	хуҷраи якнафара	[hudʒrai jaknafara]
quarto (m) duplo	хуҷраи дунафара	[hudʒrai dunafara]
reservar um quarto	банд кардани хуҷра	[band kardani hudʒra]

| meia pensão (f) | бо нимтаъминот | [bo nimta'minot] |
| pensão (f) completa | бо таъминоти пурра | [bo ta'minoti purra] |

com banheira	ваннадор	[vannador]
com duche	душдор	[duʃdor]
televisão (m) satélite	телевизиони спутникй	[televizioni sputniki:]
ar (m) condicionado	кондитсионер	[konditsioner]
toalha (f)	сачоқ	[satʃoq]
chave (f)	калид	[kalid]

administrador (m)	маъмур, мудир	[ma'mur], [mudir]
camareira (f)	пешхизмат	[peʃχizmat]
bagageiro (m)	ҳаммол	[hammol]
porteiro (m)	дарбони меҳмонхона	[darboni mehmonχona]

restaurante (m)	тарабхона	[tarabχona]
bar (m)	бар	[bar]
pequeno-almoço (m)	ноништа	[noniʃta]
jantar (m)	шом	[ʃom]
buffet (m)	мизи шведй	[mizi ʃvedi:]

| hall (m) de entrada | миёнсарой | [mijɔnsaroj] |
| elevador (m) | лифт | [lift] |

| NÃO PERTURBE | ХАЛАЛ НАРАСОНЕД | [χalal narasoned] |
| PROIBIDO FUMAR! | ТАМОКУ НАКАШЕД! | [tamoku nakaʃed] |

22. Turismo

monumento (m)	ҳайкал	[hajkal]
fortaleza (f)	ҳисор	[hisor]
palácio (m)	қаср	[qasr]
castelo (m)	кӯшк	[kœʃk]
torre (f)	манора, бурҷ	[manora], [burdʒ]
mausoléu (m)	мавзолей, мақбара	[mavzolej], [maqbara]

arquitetura (f)	меъморй	[me'mori:]
medieval	асримиёнагй	[asrimijɔnagi:]
antigo	қадим	[qadim]
nacional	миллй	[milli:]
conhecido	маъруф	[ma'ruf]

turista (m)	саёҳатчй	[sajɔhattʃi:]
guia (pessoa)	роҳбалад	[rohbalad]
excursão (f)	экскурсия	[ɛkskursija]
mostrar (vt)	нишон додан	[niʃon dodan]

contar (vt)	нақл кардан	[naql kardan]
encontrar (vt)	ёфтан	[jɔftan]
perder-se (vr)	роҳ гум кардан	[roh gum kardan]
mapa (~ do metrô)	накша	[nakʃa]
mapa (~ da cidade)	нақша	[naqʃa]

lembrança (f), presente (m)	тӯҳфа	[tœhfa]
loja (f) de presentes	мағозаи тухфаҳо	[maʁozai tuhfaho]
fotografar (vt)	сурат гирифтан	[surat giriftan]
fotografar-se	сурати худро гирондан	[surati χudro girondan]

TRANSPORTES

23. Aeroporto

aeroporto (m)	аэропорт	[aɛroport]
avião (m)	ҳавопаймо	[havopajmo]
companhia (f) aérea	ширкати ҳавопаймой	[ʃirkati havopajmoi:]
controlador (m) de tráfego aéreo	диспечер	[dispetʃer]

partida (f)	парвоз	[parvoz]
chegada (f)	парида омадан	[parida omadan]
chegar (~ de avião)	парида омадан	[parida omadan]

hora (f) de partida	вақти паридан	[vaqti paridan]
hora (f) de chegada	вақти шиштан	[vaqti ʃiʃtan]

estar atrasado	боздоштан	[bozdoʃtan]
atraso (m) de voo	боздоштани парвоз	[bozdoʃtani parvoz]

painel (m) de informação	тахтаи ахборот	[taxtai axborot]
informação (f)	ахборот	[axborot]
anunciar (vt)	эълон кардан	[ɛ'lon kardan]
voo (m)	сафар, рейс	[safar], [rejs]

alfândega (f)	гумрукхона	[gumrukxona]
funcionário (m) da alfândega	гумрукчӣ	[gumruktʃi:]

declaração (f) alfandegária	декларатсияи гумрукӣ	[deklaratsijai gumruki:]
preencher (vt)	пур кардан	[pur kardan]
preencher a declaração	пур кардани декларатсия	[pur kardani deklaratsija]
controlo (m) de passaportes	назорати шиноснома	[nazorati ʃinosnoma]

bagagem (f)	бағоҷ, бор	[baʁodʒ], [bor]
bagagem (f) de mão	бори дастӣ	[bori dasti:]
carrinho (m)	аробаи боғочкашӣ	[arobai boʁotʃkaʃi:]

aterragem (f)	фуруд	[furud]
pista (f) de aterragem	хати нишаст	[xati niʃast]
aterrar (vi)	нишастан	[niʃastan]
escada (f) de avião	зинапояи киштӣ	[zinapojai kiʃti:]

check-in (m)	бақайдгирӣ	[baqajdgiri:]
balcão (m) do check-in	қатори бақайдгирӣ	[qatori baqajdgiri:]
fazer o check-in	қайд кунондан	[qajd kunondan]
cartão (m) de embarque	талони саворшавӣ	[taloni savorʃavi:]
porta (f) de embarque	баромадан	[baromadan]

trânsito (m)	транзит	[tranzit]
esperar (vi, vt)	поидан	[poidan]

sala (f) de espera	толори интизорй	[tolori intizori:]
despedir-se de ...	гусел кардан	[gusel kardan]
despedir-se (vr)	падруд гуфтан	[padrud guftan]

24. Avião

avião (m)	ҳавопаймо	[havopajmo]
bilhete (m) de avião	чиптаи ҳавопаймо	[tʃiptai havopajmo]
companhia (f) aérea	ширкати ҳавопаймой	[ʃirkati havopajmoi:]
aeroporto (m)	аэропорт	[aɛroport]
supersónico	фавкуссадо	[favqussado]

comandante (m) do avião	фармондеҳи киштй	[farmondehi kiʃti:]
tripulação (f)	экипаж	[ɛkipaʒ]
piloto (m)	сарнишин	[sarniʃin]
hospedeira (f) de bordo	стюардесса	[stjuardessa]
copiloto (m)	штурман	[ʃturman]

asas (f pl)	қанот	[qanot]
cauda (f)	дум	[dum]
cabine (f) de pilotagem	кабина	[kabina]
motor (m)	муҳаррик	[muharrik]

| trem (m) de aterragem | шассй | [ʃassi:] |
| turbina (f) | турбина | [turbina] |

| hélice (f) | пропеллер | [propeller] |
| caixa-preta (f) | қуттии сиёҳ | [qutti:i sijɔh] |

| coluna (f) de controlo | суккон | [sukkon] |
| combustível (m) | сӯзишворй | [sœziʃvori:] |

instruções (f pl) de segurança	дастурамали бехатарй	[dasturamali beχatari:]
máscara (f) de oxigénio	ниқоби ҳавои тоза	[niqobi havoi toza]
uniforme (m)	либоси расмй	[libosi rasmi:]

| colete (m) salva-vidas | камзӯли начотдиҳанда | [kamzœli nadʒotdihanda] |
| paraquedas (m) | парашют | [paraʃut] |

descolagem (f)	парвоз	[parvoz]
descolar (vi)	парвоз кардан	[parvoz kardan]
pista (f) de descolagem	хати парвоз	[χati parvoz]

| visibilidade (f) | софии ҳаво | [sofi:i havo] |
| voo (m) | парвоз | [parvoz] |

| altura (f) | баландй | [balandi:] |
| poço (m) de ar | чоҳи ҳаво | [tʃohi havo] |

assento (m)	чой	[dʒoj]
auscultadores (m pl)	гӯшак, гӯшпӯшак	[gœʃak], [gœʃpœʃak]
mesa (f) rebatível	мизчаи вошаванда	[miztʃai voʃavanda]
vigia (f)	иллюминатор	[illjuminator]
passagem (f)	гузаргоҳ	[guzargoh]

25. Comboio

comboio (m)	поезд, қатор	[poezd], [qator]
comboio (m) suburbano	қатораи барқӣ	[qatorai barqi:]
comboio (m) rápido	қатораи тезгард	[qatorai tezgard]
locomotiva (f) diesel	тепловоз	[teplovoz]
locomotiva (f) a vapor	паровоз	[parovoz]
carruagem (f)	вагон	[vagon]
carruagem restaurante (f)	вагон-ресторан	[vagon-restoran]
carris (m pl)	релсҳо	[relsho]
caminho de ferro (m)	роҳи оҳан	[rohi ohan]
travessa (f)	шпала	[ʃpala]
plataforma (f)	платформа	[platforma]
linha (f)	роҳ	[roh]
semáforo (m)	семафор	[semafor]
estação (f)	истгоҳ	[istgoh]
maquinista (m)	мошинист	[moʃinisi]
bagageiro (m)	ҳаммол	[hammol]
hospedeiro, -a (da carruagem)	роҳбалад	[rohbalad]
passageiro (m)	мусофир	[musofir]
revisor (m)	нозир	[nozir]
corredor (m)	коридор	[koridor]
freio (m) de emergência	стоп-кран	[stop-kran]
compartimento (m)	купе	[kupe]
cama (f)	кат	[kat]
cama (f) de cima	кати боло	[kati bolo]
cama (f) de baixo	кати поён	[kati pojon]
roupa (f) de cama	чилдҳои болишту бистар	[dʒildhoi boliʃtu bistar]
bilhete (m)	билет	[bilet]
horário (m)	ҷадвал	[dʒadval]
painel (m) de informação	ҷадвал	[dʒadval]
partir (vt)	дур шудан	[dur ʃudan]
partida (f)	равон кардан	[ravon kardan]
chegar (vi)	омадан	[omadan]
chegada (f)	омадан	[omadan]
chegar de comboio	бо қатора омадан	[bo qatora omadan]
apanhar o comboio	ба қатора нишастан	[ba qatora niʃastan]
sair do comboio	фаромадан	[faromadan]
acidente (m) ferroviário	садама	[sadama]
descarrilar (vi)	аз релс баромадан	[az rels baromadan]
locomotiva (f) a vapor	паровоз	[parovoz]
fogueiro (m)	алавмон	[alavmon]
fornalha (f)	оташдон	[otaʃdon]
carvão (m)	ангишт	[angiʃt]

26. Barco

navio (m)	киштӣ	[kiʃti:]
embarcação (f)	киштӣ	[kiʃti:]
vapor (m)	пароход	[paroχod]
navio (m)	теплоход	[teploχod]
transatlântico (m)	лайнер	[lajner]
cruzador (m)	крейсер	[krejser]
iate (m)	яхта	[jaχta]
rebocador (m)	таноби ядак	[tanobi jadak]
barcaça (f)	баржа	[barʒa]
ferry (m)	паром	[parom]
veleiro (m)	киштии бодбондор	[kiʃti:i bodbondor]
bergantim (m)	бригантина	[brigantina]
quebra-gelo (m)	киштии яхшикан	[kiʃti:i jaχʃikan]
submarino (m)	киштии зериобӣ	[kiʃti:i zeriobi:]
bote, barco (m)	қаиқ	[qaiq]
bote, dingue (m)	қаиқ	[qaiq]
bote (m) salva-vidas	завраķи начот	[zavraqi nadʒot]
lancha (f)	катер	[kater]
capitão (m)	капитан	[kapitan]
marinheiro (m)	баҳрчӣ, маллоҳ	[bahrtʃi:], [malloh]
marujo (m)	баҳрчӣ	[bahrtʃi:]
tripulação (f)	экипаж	[ɛkipaʒ]
contramestre (m)	ботсман	[botsman]
grumete (m)	маллоҳбача	[mallohbatʃa]
cozinheiro (m) de bordo	кок, ошпази киштӣ	[kok], [oʃpazi kiʃti:]
médico (m) de bordo	духтури киштӣ	[duχturi kiʃti:]
convés (m)	саҳни киштӣ	[sahni kiʃti:]
mastro (m)	сутуни киштӣ	[sutuni kiʃti:]
vela (f)	бодбон	[bodbon]
porão (m)	таҳхонаи киштӣ	[tahχonai kiʃti:]
proa (f)	сари кишти	[sari kiʃti]
popa (f)	думи киштӣ	[dumi kiʃti:]
remo (m)	бели заврақ	[beli zavraq]
hélice (f)	винт	[vint]
camarote (m)	каюта	[kajuta]
sala (f) dos oficiais	кают-компания	[kajut-kompanija]
sala (f) das máquinas	шӯъбаи мошинхо	[ʃœ'bai moʃinho]
ponte (m) de comando	арша	[arʃa]
sala (f) de comunicações	радиохона	[radioχona]
onda (f) de rádio	мавч	[mavdʒ]
diário (m) de bordo	журнали киштӣ	[ʒurnali kiʃti:]
luneta (f)	дурбин	[durbin]
sino (m)	нокус, зангӯла	[noqus], [zangœla]

bandeira (f)	байрак	[bajrak]
cabo (m)	арғамчини ғафс	[arʁamtʃini ʁafs]
nó (m)	гиреҳ	[gireh]

| corrimão (m) | даста барои қапидан | [dasta baroi qapidan] |
| prancha (f) de embarque | зинапоя | [zinapoja] |

âncora (f)	лангар	[langar]
recolher a âncora	лангар бардоштан	[langar bardoʃtan]
lançar a âncora	лангар андохтан	[langar andoχtan]
amarra (f)	занчири лангар	[zandʒiri langar]

porto (m)	бандар	[bandar]
cais, amarradouro (m)	чои киштибандӣ	[dʒoi kiʃtibandi:]
atracar (vi)	ба соҳил овардан	[ba sohil ovardan]
desatracar (vi)	ҳаракат кардан	[harakat kardan]

viagem (f)	саёҳат	[sajɔhat]
cruzeiro (m)	круиз	[kruiz]
rumo (m), rota (f)	самт	[samt]
itinerário (m)	маршрут	[marʃrut]

canal (m) navegável	маъбар	[ma'bar]
banco (m) de areia	тунукоба	[tunukoba]
encalhar (vt)	ба тунукоба шиштан	[ba tunukoba ʃiʃtan]

tempestade (f)	тӯфон, бӯрои	[tœfon], [bœroi]
sinal (m)	бонг, ишорат	[bong], [iʃorat]
afundar-se (vr)	ғарк шудан	[ʁark ʃudan]
Homem ao mar!	Одам дар об!	[odam dar ob]
SOS	SOS	[sos]
boia (f) salva-vidas	чамбари начот	[tʃambari nadʒot]

CIDADE

27. Transportes urbanos

autocarro (m)	автобус	[avtobus]
elétrico (m)	трамвай	[tramvaj]
troleicarro (m)	троллейбус	[trollejbus]
itinerário (m)	маршрут	[marʃrut]
número (m)	рақам	[raqam]

ir de … (carro, etc.)	савор будан	[savor budan]
entrar (~ no autocarro)	савор шудан	[savor ʃudan]
descer de …	фуромадан	[furomadan]

paragem (f)	истгоҳ	[istgoh]
próxima paragem (f)	истгоҳи дигар	[istgohi digar]
ponto (m) final	истгоҳи охирон	[istgohi oxiron]
horário (m)	ҷадвал	[dʒadval]
esperar (vt)	поидан	[poidan]

bilhete (m)	билет	[bilet]
custo (m) do bilhete	арзиши чипта	[arziʃi tʃipta]

bilheteiro (m)	кассир	[kassir]
controlo (m) dos bilhetes	назорат	[nazorat]
revisor (m)	нозир	[nozir]

atrasar-se (vr)	дер мондан	[der mondan]
perder (o autocarro, etc.)	дер мондан	[der mondan]
estar com pressa	шитоб кардан	[ʃitob kardan]

táxi (m)	такси	[taksi]
taxista (m)	таксичӣ	[taksitʃiː]
de táxi (ir ~)	дар такси	[dar taksi]
praça (f) de táxis	истгоҳи таксӣ	[istgohi taksiː]
chamar um táxi	даъват кардани таксӣ	[da'vat kardani taksiː]
apanhar um táxi	такси гирифтан	[taksi giriftan]

tráfego (m)	ҳаракат дар кӯча	[harakat dar kœtʃa]
engarrafamento (m)	пробка	[probka]
horas (f pl) de ponta	час пик	[tʃas pik]
estacionar (vi)	ҷой кардан	[dʒoj kardan]
estacionar (vt)	ҷой кардан	[dʒoj kardan]
parque (m) de estacionamento	истгоҳ	[istgoh]

metro (m)	метро	[metro]
estação (f)	истгоҳ	[istgoh]
ir de metro	бо метро рафтан	[bo metro raftan]
comboio (m)	поезд, қатор	[poezd], [qator]
estação (f)	вокзал	[vokzal]

28. Cidade. Vida na cidade

cidade (f)	шаҳр	[ʃahr]
capital (f)	пойтахт	[pojtaχt]
aldeia (f)	деҳа, деҳ	[deha], [deh]

mapa (m) da cidade	нақшаи шаҳр	[naqʃai ʃahr]
centro (m) da cidade	маркази шаҳр	[markazi ʃahr]
subúrbio (m)	шаҳрча	[ʃahrtʃa]
suburbano	наздишаҳрй	[nazdiʃahri:]

periferia (f)	атроф, канор	[atrof], [kanor]
arredores (m pl)	атрофи шаҳр	[atrofi ʃahr]
quarteirão (m)	квартал, маҳалла	[kvartal], [mahalla]
quarteirão (m) residencial	маҳаллаи истиқоматй	[mahallai istiqomati:]

tráfego (m)	ҳаракат дар кӯча	[harakat dar kœtʃa]
semáforo (m)	чароғи раҳнамо	[tʃaroʁi rahnamo]
transporte (m) público	нақлиёти шаҳрй	[naqlijoti ʃahri:]
cruzamento (m)	чорраҳа	[tʃorraha]

passadeira (f)	гузаргоҳи пиёдагардон	[guzargohi pijɔdagardon]
passagem (f) subterrânea	гузаргоҳи зеризаминй	[guzargohi zerizamini:]
cruzar, atravessar (vt)	гузаштан	[guzaʃtan]
peão (m)	пиёдагард	[pijɔdagard]
passeio (m)	пиёдараҳа	[pijɔdaraha]

ponte (f)	пул, кӯпрук	[pul], [kœpruk]
margem (f) do rio	соҳил	[sohil]
fonte (f)	фаввора	[favvora]

alameda (f)	кӯчабоғ	[kœtʃaboʁ]
parque (m)	боғ	[boʁ]
bulevar (m)	кӯчабоғ, гулгашт	[kœtʃaboʁ], [gulgaʃt]
praça (f)	майдон	[majdon]
avenida (f)	хиёбон	[χijɔbon]
rua (f)	кӯча	[kœtʃa]
travessa (f)	тангкӯча	[tangkœtʃa]
beco (m) sem saída	кӯчаи бумбаста	[kœtʃai bumbasta]

casa (f)	хона	[χona]
edifício, prédio (m)	бино	[bino]
arranha-céus (m)	иморати осмонхарош	[imorati osmonχaroʃ]

fachada (f)	намо	[namo]
telhado (m)	бом	[bom]
janela (f)	тиреза	[tireza]
arco (m)	равоқ, тоқ	[ravoq], [toq]
coluna (f)	сутун	[sutun]
esquina (f)	бурчак	[burtʃak]

montra (f)	витрина	[vitrina]
letreiro (m)	лавҳа	[lavha]
cartaz (m)	эълоннома	[ɛ'lonnoma]
cartaz (m) publicitário	плакати реклама	[plakati reklama]

painel (m) publicitário	лавҳаи эълонхо	[lavhai ɛ'lonho]
lixo (m)	ахлот, хокрӯба	[aχlot], [χokrœba]
cesta (f) do lixo	ахлотқуттй	[aχlotqutti:]
jogar lixo na rua	ифлос кардан	[iflos kardan]
aterro (m) sanitário	партовгоҳ	[partovgoh]

cabine (f) telefónica	будкаи телефон	[budkai telefon]
candeeiro (m) de rua	сутуни фонус	[sutuni fonus]
banco (m)	нимкат	[nimkat]

polícia (m)	полис	[polis]
polícia (instituição)	полис	[polis]
mendigo (m)	гадо	[gado]
sem-abrigo (m)	бехона	[beχona]

29. Instituições urbanas

loja (f)	магазин	[magazin]
farmácia (f)	дорухона	[doruχona]
ótica (f)	оптика	[optika]
centro (m) comercial	маркази савдо	[markazi savdo]
supermercado (m)	супермаркет	[supermarket]

padaria (f)	дӯкони нонфурӯшй	[dœkoni nonfurœʃi:]
padeiro (m)	нонвой	[nonvoj]
pastelaria (f)	қаннодй	[qannodi:]
mercearia (f)	дӯкони баққолй	[dœkoni baqqoli:]
talho (m)	дӯкони гӯштфурӯшй	[dœkoni gœʃtfurœʃi:]

| loja (f) de legumes | дӯкони сабзавот | [dœkoni sabzavot] |
| mercado (m) | бозор | [bozor] |

café (m)	қаҳвахона	[qahvaχona]
restaurante (m)	тарабхона	[tarabχona]
bar (m), cervejaria (f)	пивохона	[pivoχona]
pizzaria (f)	питсерия	[pitserija]

salão (m) de cabeleireiro	сартарошхона	[sartaroʃχona]
correios (m pl)	пӯшта	[pœʃta]
lavandaria (f)	козургарии химиявй	[kozurgari:i χimijavi:]
estúdio (m) fotográfico	суратгирхона	[suratgirχona]

sapataria (f)	магазини пойафзолфурӯшй	[magazini pojafzolfurœʃi:]
livraria (f)	мағозаи китоб	[maʁozai kitob]
loja (f) de artigos de desporto	мағозаи варзишй	[maʁozai varziʃi:]

reparação (f) de roupa	таъмири либос	[ta'miri libos]
aluguer (m) de roupa	кирояи либос	[kirojai libos]
aluguer (m) de filmes	кирояи филмхо	[kirojai filmho]

circo (m)	сирк	[sirk]
jardim (m) zoológico	боғи ҳайвонот	[boʁi hajvonot]
cinema (m)	кинотеатр	[kinoteatr]

museu (m)	осорхона	[osorχona]
biblioteca (f)	китобхона	[kitobχona]

teatro (m)	театр	[teatr]
ópera (f)	опера	[opera]
clube (m) noturno	клуби шабона	[klubi ʃabona]
casino (m)	казино	[kazino]

mesquita (f)	масчид	[masdʒid]
sinagoga (f)	каниса	[kanisa]
catedral (f)	собор	[sobor]
templo (m)	ибодатгох	[ibodatgoh]
igreja (f)	калисо	[kaliso]

instituto (m)	институт	[institut]
universidade (f)	университет	[universitet]
escola (f)	мактаб	[maktab]

prefeitura (f)	префектура	[prefektura]
câmara (f) municipal	мэрия	[mɛrija]
hotel (m)	мехмонхона	[mehmonχona]
banco (m)	банк	[bank]

embaixada (f)	сафорат	[saforat]
agência (f) de viagens	турагенство	[turagenstvo]
agência (f) de informações	бюрои справкадихӣ	[bjuroi spravkadihi:]
casa (f) de câmbio	нуқтаи мубодила	[nuqtai mubodila]

metro (m)	метро	[metro]
hospital (m)	касалхона	[kasalχona]

posto (m) de gasolina	нуқтаи фурӯши сӯзишвори	[nuqtai furœʃi sœziʃvori:]
parque (m) de estacionamento	истгохи мошинхо	[istgohi moʃinho]

30. Sinais

letreiro (m)	лавха	[lavha]
inscrição (f)	хат, навиштачот	[χat], [naviʃtadʒot]
cartaz, póster (m)	плакат	[plakat]
sinal (m) informativo	аломат, нишона	[alomat], [niʃona]
seta (f)	аломати тир	[alomati tir]

aviso (advertência)	огохӣ	[ogohi:]
sinal (m) de aviso	огохӣ	[ogohi:]
avisar, advertir (vt)	танбех додан	[tanbeh dodan]

dia (m) de folga	рӯзи истирохат	[rœzi istirohat]
horário (m)	чадвал	[dʒadval]
horário (m) de funcionamento	соати корӣ	[soati kori:]

BEM-VINDOS!	ХУШ ОМАДЕД!	[χuʃ omaded]
ENTRADA	ДАРОМАД	[daromad]
SAÍDA	БАРОМАД	[baromad]

EMPURRE	АЗ ХУД	[az χud]
PUXE	БА ХУД	[ba χud]
ABERTO	КУШОДА	[kuʃoda]
FECHADO	ПӮШИДА	[pœʃida]

| MULHER | БАРОИ ЗАНОН | [baroi zanon] |
| HOMEM | БАРОИ МАРДОН | [baroi mardon] |

DESCONTOS	ТАХФИФ	[taχfif]
SALDOS	АРЗОНФУРӮШӢ	[arzonfurœʃi:]
NOVIDADE!	МОЛИ НАВ!	[moli nav]
GRÁTIS	БЕПУЛ	[bepul]

ATENÇÃO!	ДИҚҚАТ!	[diqqat]
NÃO HÁ VAGAS	ҶОЙ НЕСТ	[dʒoj nest]
RESERVADO	БАНД АСТ	[band ast]

ADMINISTRAÇÃO	МАЪМУРИЯТ	[ma'murijat]
SOMENTE PESSOAL	ФАҚАТ БАРОИ	[faqat baroi
AUTORIZADO	КОРМАНДОН	kormandon]

CUIDADO CÃO FEROZ	САГИ ГАЗАНДА	[sagi gazanda]
PROIBIDO FUMAR!	ТАМОКУ НАКАШЕД!	[tamoku nakaʃed]
NÃO TOCAR	ДАСТ НАРАСОНЕД!	[dast narasoned]

PERIGOSO	ХАТАРНОК	[χatarnok]
PERIGO	ХАТАР	[χatar]
ALTA TENSÃO	ШИДДАТИ БАЛАНД	[ʃiddati baland]
PROIBIDO NADAR	ОББОЗӢ КАРДАН	[obbozi: kardan
	МАНЪ АСТ	man' ast]
AVARIADO	КОР НАМЕКУНАД	[kor namekunad]

INFLAMÁVEL	ОТАШАНГЕЗ	[otaʃangez]
PROIBIDO	МАНЪ АСТ	[man' ast]
ENTRADA PROIBIDA	ДАРОМАД МАНЪ АСТ	[daromad man' ast]
CUIDADO TINTA FRESCA	РАНГ КАРДА ШУДААСТ	[rang karda ʃudaast]

31. Compras

comprar (vt)	харидан	[χaridan]
compra (f)	харид	[χarid]
fazer compras	харид кардан	[χarid kardan]
compras (f pl)	шопинг	[ʃoping]

| estar aberta (loja, etc.) | кушода будан | [kuʃoda budan] |
| estar fechada | маҳкам будан | [mahkam budan] |

calçado (m)	пойафзол	[pojafzol]
roupa (f)	либос	[libos]
cosméticos (m pl)	косметика	[kosmetika]
alimentos (m pl)	озуқаворӣ	[ozuqavori:]
presente (m)	тӯҳфа	[tœhfa]
vendedor (m)	фурӯш	[furœʃ]
vendedora (f)	фурӯш	[furœʃ]

caixa (f)	касса	[kassa]
espelho (m)	оина	[oina]
balcão (m)	пешдӯкон	[peʃdœkon]
cabine (f) de provas	ҷои пӯшида дидани либос	[dʒoi pœʃida didani libos]
provar (vt)	пӯшида дидан	[pœʃida didan]
servir (vi)	мувофиқ омадан	[muvofiq omadan]
gostar (apreciar)	форидан	[foridan]
preço (m)	нарх	[narχ]
etiqueta (f) de preço	нархнома	[narχnoma]
custar (vt)	арзидан	[arzidan]
Quanto?	Чанд пул?	[tʃand pul]
desconto (m)	тахфиф	[taχfif]
não caro	арзон	[arzon]
barato	арзон	[arzon]
caro	қимат	[qimat]
É caro	Ин қимат аст	[in qimat ast]
aluguer (m)	кироя	[kiroja]
alugar (vestidos, etc.)	насия гирифтан	[nasija giriftan]
crédito (m)	қарз	[qarz]
a crédito	кредит гирифтан	[kredit giriftan]

VESTUÁRIO & ACESSÓRIOS

32. Roupa exterior. Casacos

roupa (f)	либос	[libos]
roupa (f) exterior	либоси боло	[libosi bolo]
roupa (f) de inverno	либоси зимистонӣ	[libosi zimistoni;]
sobretudo (m)	палто	[palto]
casaco (m) de peles	пӯстин	[pœstin]
casaco curto (m) de peles	нимпӯстин	[nimpœstin]
casaco (m) acolchoado	пуховик	[puχovik]
casaco, blusão (m)	куртка	[kurtka]
impermeável (m)	боронӣ	[boroni:]
impermeável	обногузар	[obnoguzar]

33. Vestuário de homem & mulher

camisa (f)	курта	[kurta]
calças (f pl)	шим, шалвор	[ʃim], [ʃalvor]
calças (f pl) de ganga	шими ҷинс	[ʃimi ʤins]
casaco (m) de fato	пиҷак	[piʤak]
fato (m)	костюм	[kostjum]
vestido (ex. ~ vermelho)	куртаи заннона	[kurtai zannona]
saia (f)	юбка	[jubka]
blusa (f)	блузка	[bluzka]
casaco (m) de malha	кофтаи бофта	[koftai bofta]
casaco, blazer (m)	жакет	[ʒaket]
T-shirt, camiseta (f)	футболка	[futbolka]
calções (Bermudas, etc.)	шортик	[ʃortik]
fato (m) de treino	либоси варзишӣ	[libosi varziʃi:]
roupão (m) de banho	халат	[χalat]
pijama (m)	пижама	[piʒama]
suéter (m)	свитер	[sviter]
pulôver (m)	пуловер	[pulover]
colete (m)	камзӯл	[kamzœl]
fraque (m)	фрак	[frak]
smoking (m)	смокинг	[smoking]
uniforme (m)	либоси расмӣ	[libosi rasmi:]
roupa (f) de trabalho	либоси корӣ	[libosi kori:]
fato-macaco (m)	комбинезон	[kombinezon]
bata (~ branca, etc.)	халат	[χalat]

34. Vestuário. Roupa interior

roupa (f) interior	либоси таг	[libosi tag]
cuecas boxer (f pl)	турсуки мардона	[tursuki mardona]
cuecas (f pl)	турсуки занона	[tursuki zanona]
camisola (f) interior	майка	[majka]
peúgas (f pl)	пайпоқ	[pajpoq]
camisa (f) de noite	куртаи хоб	[kurtai χob]
sutiã (m)	синабанд	[sinaband]
meias longas (f pl)	чуроби кутох	[dʒurobi kutoh]
meia-calça (f)	колготка	[kolgotka]
meias (f pl)	чуроби дароз	[tʃurobi daroz]
fato (m) de banho	либоси оббозй	[libosi obbozi:]

35. Adereços de cabeça

chapéu (m)	кулох, телпак	[kuloh], [telpak]
chapéu (m) de feltro	шляпаи мохутй	[ʃljapai mohuti:]
boné (m) de beisebol	бейсболка	[bejsbolka]
boné (m)	кепка	[kepka]
boina (f)	берет	[beret]
capuz (m)	либоси кулохдор	[libosi kulohdor]
panamá (m)	панамка	[panamka]
gorro (m) de malha	шапкаи бофтагй	[ʃapkai boftagi:]
lenço (m)	рӯймол	[rœjmol]
chapéu (m) de mulher	кулохча	[kulohtʃa]
capacete (m) de proteção	тоскулох	[toskuloh]
bibico (m)	пилотка	[pilotka]
capacete (m)	хӯд	[χœd]
chapéu-coco (m)	дегчакулох	[degtʃakuloχ]
chapéu (m) alto	силиндр	[silindr]

36. Calçado

calçado (m)	пойафзол	[pojafzol]
botinas (f pl)	патинка	[patinka]
sapatos (de salto alto, etc.)	кафш, туфли	[kafʃ], [tufli]
botas (f pl)	мӯза	[mœza]
pantufas (f pl)	шиппак	[ʃippak]
ténis (m pl)	крассовка	[krassovka]
sapatilhas (f pl)	кетй	[keti:]
sandálias (f pl)	сандал	[sandal]
sapateiro (m)	мӯзадӯз	[mœzadœz]
salto (m)	пошна	[poʃna]

par (m)	чуфт	[dʒuft]
atacador (m)	бандак	[bandak]
apertar os atacadores	бандак гузарондан	[bandak guzarondan]
calçadeira (f)	кафчаи кафшпӯшӣ	[kaftʃai kafʃpœʃi:]
graxa (f) para calçado	креми пойафзол	[kremi pojafzol]

37. Acessórios pessoais

luvas (f pl)	дастпӯшак	[dastpœʃak]
mitenes (f pl)	дастпӯшаки бепанҷа	[dastpœʃaki bepandʒa]
cachecol (m)	гарданпеч	[gardanpetʃ]

óculos (m pl)	айнак	[ajnak]
armação (f) de óculos	чанбарак	[tʃanbarak]
guarda-chuva (m)	соябон, чатр	[sojabon], [tʃatr]
bengala (f)	чӯб	[tʃœb]
escova (f) para o cabelo	чӯткаи мӯйсар	[tʃœtkai mœjsar]
leque (m)	бодбезак	[bodbezak]

gravata (f)	галстук	[galstuk]
gravata-borboleta (f)	галстук-шапарак	[galstuk-ʃaparak]
suspensórios (m pl)	шалворбанди китфӣ	[ʃalvorbandi kitfi:]
lenço (m)	дастрӯймол	[dastrœjmol]

pente (m)	шона	[ʃona]
travessão (m)	сарсӯзан, бандак	[sarsœzan], [bandak]
gancho (m) de cabelo	санчак	[sandʒak]
fivela (f)	сагаки тасма	[sagaki tasma]

| cinto (m) | тасма | [tasma] |
| correia (f) | тасма | [tasma] |

mala (f)	сумка	[sumka]
mala (f) de senhora	сумка	[sumka]
mochila (f)	борхалта	[borχalta]

38. Vestuário. Diversos

moda (f)	мод	[mod]
na moda	модшуда	[modʃuda]
estilista (m)	тархсоз	[tarhsoz]

colarinho (m), gola (f)	гиребон, ёқа	[girebon], [jɔqa]
bolso (m)	киса	[kisa]
de bolso	... и киса	[i kisa]
manga (f)	остин	[ostin]
alcinha (f)	банди либос	[bandi libos]
braguilha (f)	чоки пеши шим	[tʃoki peʃi ʃim]

fecho (m) de correr	занчирак	[zandʒirak]
fecho (m), colchete (m)	гирехбанд	[girehband]
botão (m)	тугма	[tugma]

| casa (f) de botão | банди тугма | [bandi tugma] |
| soltar-se (vr) | канда шудан | [kanda ʃudan] |

coser, costurar (vi)	дӯхтан	[dœχtan]
bordar (vt)	гулдӯзӣ кардан	[guldœzi: kardan]
bordado (m)	гулдӯзӣ	[guldœzi:]
agulha (f)	сӯзани чокдӯзи	[sœzani ʧokdœzi]
fio (m)	ресмон	[resmon]
costura (f)	чок	[ʧok]

sujar-se (vr)	олуда шудан	[oluda ʃudan]
mancha (f)	доғ, лакка	[doʁ], [lakka]
engelhar-se (vr)	ғичим шудан	[ʁiʤim ʃudan]
rasgar (vt)	даррондан	[darrondan]
traça (f)	куя	[kuja]

39. Cuidados pessoais. Cosméticos

pasta (f) de dentes	хамираи дандон	[χamirai dandon]
escova (f) de dentes	чӯткаи дандоншӯй	[ʧœtkai dandonʃœi:]
escovar os dentes	дандон шустан	[dandon ʃustan]

máquina (f) de barbear	ришгирак	[riʃgirak]
creme (m) de barbear	креми ришгирӣ	[kremi riʃgiri:]
barbear-se (vr)	риш гирифтан	[riʃ giriftan]

| sabonete (m) | собун | [sobun] |
| champô (m) | шампун | [ʃampun] |

tesoura (f)	кайчӣ	[kajʧi:]
lima (f) de unhas	тарошаи нохунхо	[taroʃai noχunho]
corta-unhas (m)	анбӯрча барои нохунхо	[anbœrʧa baroi noχunho]
pinça (f)	мӯйчинак	[mœjʧinak]

cosméticos (m pl)	косметика	[kosmetika]
máscara (f) facial	ниқоби косметикӣ	[niqobi kosmetiki:]
manicura (f)	нохунорой	[noχunoroi:]
fazer a manicura	нохун оростан	[noχun orostan]
pedicure (f)	ороиши нохунхои пой	[oroiʃi noχunhoi poj]

mala (f) de maquilhagem	косметичка	[kosmetiʧka]
pó (m)	сафеда	[safeda]
caixa (f) de pó	қуттии упо	[qutti:i upo]
blush (m)	сурхӣ	[surχi:]

água (f) de toilette	атр	[atr]
loção (f)	оби мушкин	[obi muʃkin]
água-de-colónia (f)	атр	[atr]

sombra (f) de olhos	тен барои пилкхои чашм	[ten baroi pilkhoi ʧaʃm]
lápis (m) delineador	қалами чашм	[qalami ʧaʃm]
máscara (f), rímel (m)	туш барои мижахо	[tuʃ baroi miʒaho]
batom (m)	лабсурхкунак	[labsurχkunak]
verniz (m) de unhas	лаки нохун	[laki noχun]

| laca (f) para cabelos | лаки мӯйсар | [laki mœjsar] |
| desodorizante (m) | дезодорант | [dezodorant] |

creme (m)	крем, равғани рӯй	[krem], [ravʁani rœj]
creme (m) de rosto	креми рӯй	[kremi rœj]
creme (m) de mãos	креми даст	[kremi dast]
creme (m) antirrugas	креми зиддиожанг	[kremi ziddioʒang]
creme (m) de dia	креми рӯзона	[kremi rœzona]
creme (m) de noite	креми шабона	[kremi ʃabona]
de dia	рӯзона, ~и рӯз	[rœzona], [~i rœz]
da noite	шабона, ... и шаб	[ʃabona], [i ʃab]

tampão (m)	тампон	[tampon]
papel (m) higiénico	коғази хочатхона	[koʁazi χoʤatχona]
secador (m) elétrico	мӯхушккунак	[mœχuʃkkunak]

40. Relógios de pulso. Relógios

relógio (m) de pulso	соати дастӣ	[soati dasti:]
mostrador (m)	лавҳаи соат	[lavḣai soat]
ponteiro (m)	акрабак	[akrabak]
bracelete (f) em aço	дастпона	[dastpona]
bracelete (f) em couro	банди соат	[bandi soat]

pilha (f)	батареяча, батарейка	[batarejaʧa], [batarejka]
descarregar-se	холӣ шудааст	[χoli: ʃudaast]
trocar a pilha	иваз кардани батаре	[ivaz kardani batare]
estar adiantado	пеш меравад	[peʃ meravad]
estar atrasado	ақиб мондан	[aqib mondan]

relógio (m) de parede	соати деворӣ	[soati devori:]
ampulheta (f)	соати регӣ	[soati regi:]
relógio (m) de sol	соати офтобӣ	[soati oftobi:]
despertador (m)	соати рӯимизии зангдор	[soati rœimizi:i zangdor]
relojoeiro (m)	соатсоз	[soatsoz]
reparar (vt)	таъмир кардан	[ta'mir kardan]

EXPERIÊNCIA DO QUOTIDIANO

41. Dinheiro

dinheiro (m)	пул	[pul]
câmbio (m)	мубодила, иваз	[mubodila], [ivaz]
taxa (f) de câmbio	қурб	[qurb]
Caixa Multibanco (m)	банкомат	[bankomat]
moeda (f)	танга	[tanga]
dólar (m)	доллар	[dollar]
lira (f)	лираи италиявй	[lirai italijavi:]
marco (m)	маркаи олмонй	[markai olmoni:]
franco (m)	франк	[frank]
libra (f) esterlina	фунт стерлинг	[funt sterling]
iene (m)	иена	[iena]
dívida (f)	қарз	[qarz]
devedor (m)	қарздор	[qarzdor]
emprestar (vt)	қарз додан	[qarz dodan]
pedir emprestado	қарз гирифтан	[qarz giriftan]
banco (m)	банк	[bank]
conta (f)	ҳисоб	[hisob]
depositar (vt)	гузарондан	[guzarondan]
depositar na conta	ба суратҳисоб гузарондан	[ba surathisob guzarondan]
levantar (vt)	аз суратҳисоб гирифтан	[az surathisob giriftan]
cartão (m) de crédito	корти кредитй	[korti krediti:]
dinheiro (m) vivo	пули нақд, нақдина	[puli naqd], [naqdina]
cheque (m)	чек	[ʧek]
passar um cheque	чек навиштан	[ʧek naviʃtan]
livro (m) de cheques	дафтарчаи чек	[daftarʧai ʧek]
carteira (f)	ҳамён	[hamjɔn]
porta-moedas (m)	ҳамён	[hamjɔn]
cofre (m)	сейф	[sejf]
herdeiro (m)	меросхӯр	[merosχœr]
herança (f)	мерос	[meros]
fortuna (riqueza)	дорой	[doroi:]
arrendamento (m)	иҷора	[idʒora]
renda (f) de casa	ҳаққи манзил	[haqqi manzil]
alugar (vt)	ба иҷора гирифтан	[ba idʒora giriftan]
preço (m)	нарх	[narχ]
custo (m)	арзиш	[arziʃ]
soma (f)	маблағ	[mablaʁ]
gastar (vt)	сарф кардан	[sarf kardan]

gastos (m pl)	харч, ҳазина	[χardʒ], [hazina]
economizar (vi)	сарфа кардан	[sarfa kardan]
económico	сарфакор	[sarfakor]

pagar (vt)	пул додан	[pul dodan]
pagamento (m)	пардохт	[pardoχt]
troco (m)	бақияи пул	[baqijai pul]

imposto (m)	налог, андоз	[nalog], [andoz]
multa (f)	чарима	[dʒarima]
multar (vt)	чарима андохтан	[dʒarima andoχtan]

42. Correios. Serviço postal

correios (m pl)	почта	[potʃta]
correio (m)	почта	[potʃta]
carteiro (m)	хаткашон	[χatkaʃon]
horário (m)	соати корй	[soati kori:]

carta (f)	мактуб	[maktub]
carta (f) registada	хати супоришй	[χati suporiʃi:]
postal (m)	руқъа	[ruq'a]
telegrama (m)	барқия	[barqija]
encomenda (f) postal	равонак	[ravonak]
remessa (f) de dinheiro	пули фиристодашуда	[puli firistodaʃuda]

receber (vt)	гирифтан	[giriftan]
enviar (vt)	ирсол кардан	[irsol kardan]
envio (m)	ирсол	[irsol]

endereço (m)	адрес, унвон	[adres], [unvon]
código (m) postal	индекси почта	[indeksi potʃta]
remetente (m)	ирсолкунанда	[irsolkunanda]
destinatário (m)	гиранда	[giranda]

| nome (m) | ном | [nom] |
| apelido (m) | фамилия | [familija] |

tarifa (f)	таърифа	[ta'rifa]
ordinário	муқаррарй	[muqarrari:]
económico	камхарч	[kamχardʒ]

peso (m)	вазн	[vazn]
pesar (estabelecer o peso)	баркашидан	[barkaʃidan]
envelope (m)	конверт	[konvert]
selo (m)	марка	[marka]
colar o selo	марка часпонидан	[marka tʃasponidan]

43. Banca

| banco (m) | банк | [bank] |
| sucursal, balcão (f) | шӯъба | [ʃœ'ba] |

consultor (m)	мушовир	[muʃovir]
gerente (m)	идоракунанда	[idorakunanda]
conta (f)	ҳисоб	[hisob]
número (m) da conta	рақами суратҳисоб	[raqami surathisob]
conta (f) corrente	ҳисоби ҷорӣ	[hisobi dʒori:]
conta (f) poupança	суратҳисоби ҷамъшаванда	[surathisobi dʒam'ʃavanda]
abrir uma conta	суратҳисоб кушодан	[surathisob kuʃodan]
fechar uma conta	бастани суратҳисоб	[bastani surathisob]
depositar na conta	ба суратҳисоб гузарондан	[ba surathisob guzarondan]
levantar (vt)	аз суратҳисоб гирифтан	[az surathisob giriftan]
depósito (m)	амонат	[amonat]
fazer um depósito	маблағ гузоштан	[mablaʁ guzoʃtan]
transferência (f) bancária	интиқоли маблағ	[intiqoli mablaʁ]
transferir (vt)	интиқол додан	[intiqol dodan]
soma (f)	маблағ	[mablaʁ]
Quanto?	Чӣ қадар?	[tʃi: qadar]
assinatura (f)	имзо	[imzo]
assinar (vt)	имзо кардан	[imzo kardan]
cartão (m) de crédito	корти кредитӣ	[korti krediti:]
código (m)	рамз, код	[ramz], [kod]
número (m) do cartão de crédito	рақами корти кредитӣ	[raqami korti krediti:]
Caixa Multibanco (m)	банкомат	[bankomat]
cheque (m)	чек	[tʃek]
passar um cheque	чек навиштан	[tʃek naviʃtan]
livro (m) de cheques	дафтарчаи чек	[daftartʃai tʃek]
empréstimo (m)	қарз	[qarz]
pedir um empréstimo	барои кредит муроҷиат кардан	[baroi kredit murodʒiat kardan]
obter um empréstimo	кредит гирифтан	[kredit giriftan]
conceder um empréstimo	кредит додан	[kredit dodan]
garantia (f)	кафолат, замонат	[kafolat], [zamonat]

44. Telefone. Conversação telefónica

telefone (m)	телефон	[telefon]
telemóvel (m)	телефони мобилӣ	[telefoni mobili:]
secretária (f) electrónica	худҷавобгӯ	[xuddʒavobgœ]
fazer uma chamada	телефон кардан	[telefon kardan]
chamada (f)	занг	[zang]
marcar um número	гирифтани рақамҳо	[giriftani raqamho]
Alô!	алло, ҳа	[allo], [ha]
perguntar (vt)	пурсидан	[pursidan]

responder (vt)	чавоб додан	[dʒavob dodan]
ouvir (vt)	шунидан	[ʃunidan]
bem	хуб, нағз	[χub], [naʁz]
mal	бад	[bad]
ruído (m)	садохои бегона	[sadohoi begona]

auscultador (m)	гӯшак	[giːʃak]
pegar o telefone	бардоштани гӯшак	[bardoʃtani gœʃak]
desligar (vi)	мондани гӯшак	[mondani gœʃak]

ocupado	банд	[band]
tocar (vi)	занг задан	[zang zadan]
lista (f) telefónica	китоби телефон	[kitobi telefon]

local	махаллӣ	[mahalliː]
chamada (f) local	занги махаллӣ	[zangi mahalliː]
de longa distância	байнишахрӣ	[bajniʃahriː]
chamada (f) de longa distância	занги байнишахрӣ	[zangi bajniʃahriː]
internacional	байналхалқӣ	[bajnalχalqiː]

45. Telefone móvel

telemóvel (m)	телефони мобилӣ	[telefoni mobiliː]
ecrã (m)	дисплей	[displej]
botão (m)	тугмача	[tugmatʃa]
cartão SIM (m)	сим-корт	[sim-kort]

bateria (f)	батарея	[batareja]
descarregar-se	бе заряд шудан	[be zarjad ʃudan]
carregador (m)	асбоби барқпуркунанда	[asbobi barqpurkunanda]

menu (m)	меню	[menju]
definições (f pl)	соз кардан	[soz kardan]
melodia (f)	оханг	[ohang]
escolher (vt)	интихоб кардан	[intiχob kardan]

calculadora (f)	хисобкунак	[hisobkunak]
correio (m) de voz	худчавобгӯ	[χuddʒavobgœ]
despertador (m)	соати рӯимизии зангдор	[soati rœimiziːi zangdor]
contatos (m pl)	китоби телефон	[kitobi telefon]

| mensagem (f) de texto | СМС-хабар | [sms-χabar] |
| assinante (m) | муштарӣ | [muʃtariː] |

46. Estacionário

| caneta (f) | ручкаи саққочадор | [rutʃkai saqqotʃador] |
| caneta (f) tinteiro | парқалам | [parqalam] |

| lápis (m) | қалам | [qalam] |
| marcador (m) | маркер | [marker] |

caneta (f) de feltro	фломастер	[flomaster]
bloco (m) de notas	блокнот, дафтари ёддошт	[bloknot], [daftari joddoʃt]
agenda (f)	рӯзнома	[rœznoma]
régua (f)	чадвал	[dʒadval]
calculadora (f)	ҳисобкунак	[hisobkunak]
borracha (f)	ластик	[lastik]
pionés (m)	кнопка	[knopka]
clipe (m)	скрепка	[skrepka]
cola (f)	елим, шилм	[elim], [ʃilm]
agrafador (m)	степлер	[stepler]
afia-lápis (m)	чарх	[tʃarχ]

47. Línguas estrangeiras

língua (f)	забон	[zabon]
estrangeiro	хоричӣ	[χoridʒi:]
língua (f) estrangeira	забони хоричӣ	[zaboni χoridʒi:]
estudar (vt)	омӯхтан	[omœχtan]
aprender (vt)	омӯхтан	[omœχtan]
ler (vt)	хондан	[χondan]
falar (vi)	гап задан	[gap zadan]
compreender (vt)	фаҳмидан	[fahmidan]
escrever (vt)	навиштан	[naviʃtan]
rapidamente	босуръат	[bosur'at]
devagar	оҳиста	[ohista]
fluentemente	озодона	[ozodona]
regras (f pl)	қоидаҳо	[qoidaho]
gramática (f)	грамматика	[grammatika]
vocabulário (m)	лексика	[leksika]
fonética (f)	савтиёт	[savtijɔt]
manual (m) escolar	китоби дарсӣ	[kitobi darsi:]
dicionário (m)	луғат	[luʁat]
manual (m) de autoaprendizagem	худомӯз	[χudomœz]
guia (m) de conversação	сӯҳбатнома	[sœhbatnoma]
cassete (f)	кассета	[kasseta]
vídeo cassete (m)	видеокассета	[videokasseta]
CD (m)	CD, диски компактӣ	[ɔɛ], [diski kompakti:]
DVD (m)	DVD-диск	[ɛøɛ-disk]
alfabeto (m)	алифбо	[alifbo]
soletrar (vt)	ҳарфакӣ гап задан	[harfaki: gap zadan]
pronúncia (f)	талаффуз	[talaffuz]
sotaque (m)	зада, аксент	[zada], [aksent]
com sotaque	бо аксент	[bo aksent]
sem sotaque	бе аксент	[be aksent]

palavra (f)	калима	[kalima]
sentido (m)	маънй, маъно	[ma'ni:], [ma'no]
cursos (m pl)	курсхо, дарсхо	[kursho], [darsho]
inscrever-se (vr)	дохил шудан	[doχil ʃudan]
professor (m)	муаллим	[muallim]
tradução (processo)	тарчума	[tardʒuma]
tradução (texto)	тарчума	[tardʒuma]
tradutor (m)	тарчумон	[tardʒumon]
intérprete (m)	тарчумон	[tardʒumon]
poliglota (m)	забондон	[zabondon]
memória (f)	хофиза	[hofiza]

REFEIÇÕES. RESTAURANTE

48. Por a mesa

colher (f)	қошуқ	[qoʃuq]
faca (f)	корд	[kord]
garfo (m)	чангча, чангол	[ʧangʧa], [ʧangol]
chávena (f)	косача	[kosaʧa]
prato (m)	тақсимча	[taqsimʧa]
pires (m)	тақсимй, тақсимича	[taqsimi:], [taqsimiʧa]
guardanapo (m)	салфетка	[salfetka]
palito (m)	дандонковак	[dandonkovak]

49. Restaurante

restaurante (m)	тарабхона	[tarabχona]
café (m)	қаҳвахона	[qahvaχona]
bar (m), cervejaria (f)	бар	[bar]
salão (m) de chá	чойхона	[ʧojχona]
empregado (m) de mesa	пешхизмат	[peʃχizmat]
empregada (f) de mesa	пешхизмат	[peʃχizmat]
barman (m)	бармен	[barmen]
ementa (f)	меню	[menju]
lista (f) de vinhos	рӯйхати шаробҳо	[rœjχati ʃarobho]
reservar uma mesa	банд кардани миз	[band kardani miz]
prato (m)	таом	[taom]
pedir (vt)	супориш додан	[suporiʃ dodan]
fazer o pedido	фармоиш додан	[farmoiʃ dodan]
aperitivo (m)	аперитив	[aperitiv]
entrada (f)	хӯриш, газак	[χœriʃ], [gazak]
sobremesa (f)	десерт	[desert]
conta (f)	ҳисоб	[hisob]
pagar a conta	пардохт кардан	[pardoχt kardan]
dar o troco	бақия додан	[baqija dodan]
gorjeta (f)	чойпулй	[ʧojpuli:]

50. Refeições

comida (f)	хӯрок, таом	[χœrok], [taom]
comer (vt)	хӯрдан	[χœrdan]
pequeno-almoço (m)	ноништа	[noniʃta]

tomar o pequeno-almoço	ноништа кардан	[noniʃta kardan]
almoço (m)	хӯроки пешин	[χœroki peʃin]
almoçar (vi)	хӯроки пешин хӯрдан	[χœroki peʃin χœrdan]
jantar (m)	шом	[ʃom]
jantar (vi)	хӯроки шом хӯрдан	[χœroki ʃom χœrdan]

| apetite (m) | иштихо | [iʃtiho] |
| Bom apetite! | ош шавад! | [oʃ ʃavad] |

abrir (~ uma lata, etc.)	кушодан	[kuʃodan]
derramar (vt)	резондан	[rezondan]
derramar-se (vr)	рехтан	[reχtan]

ferver (vi)	чӯшидан	[dʒœʃidan]
ferver (vt)	чӯшондан	[dʒœʃondan]
fervido	чӯшомада	[dʒœʃomada]
arrefecer (vt)	хунук кардан	[χunuk kardan]
arrefecer-se (vr)	хунук шудан	[χunuk ʃudan]

| sabor, gosto (m) | маза, таъм | [maza], [ta'm] |
| gostinho (m) | таъм | [ta'm] |

fazer dieta	хароб шудан	[χarob ʃudan]
dieta (f)	диета	[dieta]
vitamina (f)	витамин	[vitamin]
caloria (f)	калория	[kalorija]
vegetariano (m)	гӯштнахӯранда	[gœʃtnaχœranda]
vegetariano	бегӯшт	[begœʃt]

gorduras (f pl)	равған	[ravʁan]
proteínas (f pl)	сафедахо	[safedaho]
carboidratos (m pl)	карбогидратхо	[karbogidratho]

fatia (~ de limão, etc.)	тилим, порча	[tilim], [portʃa]
pedaço (~ de bolo)	порча	[portʃa]
migalha (f)	резгӣ	[rezgi:]

51. Pratos cozinhados

prato (m)	таом	[taom]
cozinha (~ portuguesa)	таомхо	[taomho]
receita (f)	ретсепт	[retsept]
porção (f)	навола	[navola]

| salada (f) | салат | [salat] |
| sopa (f) | шӯрбо | [ʃœrbo] |

caldo (m)	булён	[buljɔn]
sandes (f)	бутерброд	[buterbrod]
ovos (m pl) estrelados	тухмбирён	[tuχmbirjɔn]

hambúrguer (m)	гамбургер	[gamburger]
bife (m)	бифштекс	[bifʃteks]
conduto (m)	хӯриши таом	[χœriʃi taom]

espaguete (m)	спагеттй	[spagetti:]
puré (m) de batata	пюре	[pjure]
pizza (f)	питса	[pitsa]
papa (f)	шӯла	[ʃœla]
omelete (f)	омлет, тухмбирён	[omlet], [tuχmbirjon]

cozido em água	чӯшондашуда	[dʒœʃondaʃuda]
fumado	дудхӯрда	[dudχœrda]
frito	бирён	[birjon]
seco	хушк	[χuʃk]
congelado	яхкарда	[jaχkarda]
em conserva	дар сирко хобондашуда	[dar sirko χobondaʃuda]

doce (açucarado)	ширин	[ʃirin]
salgado	шӯр	[ʃœr]
frio	хунук	[χunuk]
quente	гарм	[garm]
amargo	талх	[talχ]
gostoso	бомаза	[bomaza]

cozinhar (em água a ferver)	пухтан, чӯшондан	[puχtan], [dʒœʃondan]
fazer, preparar (vt)	пухтан	[puχtan]
fritar (vt)	бирён кардан	[birjon kardan]
aquecer (vt)	гарм кардан	[garm kardan]

salgar (vt)	намак андохтан	[namak andoχtan]
apimentar (vt)	қаламфур андохтан	[qalamfur andoχtan]
ralar (vt)	тарошидан	[taroʃidan]
casca (f)	пӯст	[pœst]
descascar (vt)	пӯст кандан	[pœst kandan]

52. Comida

carne (f)	гӯшт	[gœʃt]
galinha (f)	мурғ	[murʁ]
frango (m)	чӯча	[tʃœdʒa]
pato (m)	мурғобӣ	[murʁobi:]
ganso (m)	қоз, ғоз	[qoz], [ʁoz]
caça (f)	сайди шикор	[sajdi ʃikor]
peru (m)	мурғи марчон	[murʁi mardʒon]

carne (f) de porco	гӯшти хук	[gœʃti χuk]
carne (f) de vitela	гӯшти гӯсола	[gœʃti gœsola]
carne (f) de carneiro	гӯшти гӯсфанд	[gœʃti gœsfand]
carne (f) de vaca	гӯшти гов	[gœʃti gov]
carne (f) de coelho	харгӯш	[χargœʃ]

chouriço, salsichão (m)	ҳасиб	[hasib]
salsicha (f)	ҳасибча	[hasibtʃa]
bacon (m)	бекон	[bekon]
fiambre (f)	ветчина	[vettʃina]
presunto (m)	рон	[ron]
patê (m)	паштет	[paʃtet]
fígado (m)	чигар	[dʒigar]

carne (f) moída	гӯшти кӯфта	[gœʃti kœfta]
língua (f)	забон	[zabon]
ovo (m)	тухм	[tuχm]
ovos (m pl)	тухм	[tuχm]
clara (f) do ovo	сафедии тухм	[safedi:i tuχm]
gema (f) do ovo	зардии тухм	[zardi:i tuχm]
peixe (m)	моҳӣ	[mohi:]
mariscos (m pl)	маҳсулоти баҳрӣ	[mahsuloti bahri:]
crustáceos (m pl)	буғумпойҳо	[buʁumpojho]
caviar (m)	тухми моҳӣ	[tuχmi mohi:]
caranguejo (m)	харчанг	[χartʃang]
camarão (m)	креветка	[krevetka]
ostra (f)	садафак	[sadafak]
lagosta (f)	лангуст	[langust]
polvo (m)	ҳаштпо	[haʃtpo]
lula (f)	калмар	[kalmar]
esturjão (m)	гӯшти тосмоҳӣ	[gœʃti tosmohi:]
salmão (m)	озодмоҳӣ	[ozodmohi:]
halibute (m)	палтус	[paltus]
bacalhau (m)	равғанмоҳӣ	[ravʁanmohi:]
cavala, sarda (f)	зағӯтамоҳӣ	[zaʁœtamohi:]
atum (m)	самак	[samak]
enguia (f)	мормоҳӣ	[mormohi:]
truta (f)	гулмоҳӣ	[gulmohi:]
sardinha (f)	саморис	[samoris]
lúcio (m)	шӯртан	[ʃœrtan]
arenque (m)	шӯрмоҳӣ	[ʃœrmohi:]
pão (m)	нон	[non]
queijo (m)	панир	[panir]
açúcar (m)	шакар	[ʃakar]
sal (m)	намак	[namak]
arroz (m)	биринҷ	[birindʒ]
massas (f pl)	макарон	[makaron]
talharim (m)	угро	[ugro]
manteiga (f)	равғани маска	[ravʁani maska]
óleo (m) vegetal	равғани пок	[ravʁani pok]
óleo (m) de girassol	равғани офтобпараст	[ravʁani oftobparast]
margarina (f)	маргарин	[margarin]
azeitonas (f pl)	зайтун	[zajtun]
azeite (m)	равғани зайтун	[ravʁani zajtun]
leite (m)	шир	[ʃir]
leite (m) condensado	ширқиём	[ʃirqijɔm]
iogurte (m)	йогурт	[jɔgurt]
nata (f) azeda	қаймок	[qajmok]
nata (f) do leite	қаймоқ	[qajmoq]

| maionese (f) | майонез | [majɔnez] |
| creme (m) | крем | [krem] |

grãos (m pl) de cereais	ярма	[jarma]
farinha (f)	орд	[ord]
enlatados (m pl)	консерв	[konserv]

flocos (m pl) de milho	бадроқи чуворимакка	[badroqi ʤuvorimakka]
mel (m)	асал	[asal]
doce (m)	чем	[ʤem]
pastilha (f) elástica	сақич, илқ	[saqitʃ], [ilq]

53. Bebidas

água (f)	об	[ob]
água (f) potável	оби нӯшиданӣ	[obi nœʃidani:]
água (f) mineral	оби минералӣ	[obi minerali:]

sem gás	бе газ	[be gaz]
gaseificada	газнок	[gaznok]
com gás	газдор	[gazdor]
gelo (m)	ях	[jaχ]
com gelo	бо ях, яхдор	[bo jaχ], [jaχdor]

sem álcool	беалкогол	[bealkogol]
bebida (f) sem álcool	нӯшокии беалкогол	[nœʃoki:i bealkogol]
refresco (m)	нӯшокии хунук	[nœʃoki:i χunuk]
limonada (f)	лимонад	[limonad]

bebidas (f pl) alcoólicas	нӯшокиҳои спиртӣ	[nœʃokihoi spirti:]
vinho (m)	шароб, май	[ʃarob], [maj]
vinho (m) branco	маи ангури сафед	[mai anguri safed]
vinho (m) tinto	маи арғувонӣ	[mai arʁuvoni:]

licor (m)	ликёр	[likjɔr]
champanhe (m)	шампан	[ʃampan]
vermute (m)	вермут	[vermut]

uísque (m)	виски	[viski]
vodka (f)	арақ, водка	[araq], [vodka]
gim (m)	чин	[ʤin]
conhaque (m)	коняк	[konjak]
rum (m)	ром	[rom]

café (m)	қаҳва	[qahva]
café (m) puro	қаҳваи сиёҳ	[qahvai sijɔh]
café (m) com leite	ширқаҳва	[ʃirqahva]
cappuccino (m)	капучино	[kaputʃino]
café (m) solúvel	қаҳваи кӯфта	[qahvai kœfta]

leite (m)	шир	[ʃir]
coquetel (m)	коктейл	[koktejl]
batido (m) de leite	коктейли ширӣ	[koktejli ʃiri:]
sumo (m)	шарбат	[ʃarbat]

sumo (m) de tomate	шираи помидор	[ʃirai pomidor]
sumo (m) de laranja	афшураи афлесун	[afʃurai aflesun]
sumo (m) fresco	афшураи тоза тайёршуда	[afʃurai toza tajjorʃuda]
cerveja (f)	пиво	[pivo]
cerveja (f) clara	оби ҷави шафоф	[obi dʒavi ʃafof]
cerveja (f) preta	оби ҷави торик	[obi dʒavi torik]
chá (m)	чой	[tʃoj]
chá (m) preto	чойи сиёҳ	[tʃoji sijɔh]
chá (m) verde	чои кабуд	[tʃoi kabud]

54. Vegetais

legumes (m pl)	сабзавот	[sabzavot]
verduras (f pl)	сабзавот	[sabzavot]
tomate (m)	помидор	[pomidor]
pepino (m)	бодиринг	[bodiring]
cenoura (f)	сабзӣ	[sabzi:]
batata (f)	картошка	[kartoʃka]
cebola (f)	пиёз	[pijɔz]
alho (m)	сир	[sir]
couve (f)	карам	[karam]
couve-flor (f)	гулкарам	[gulkaram]
couve-de-bruxelas (f)	карами брусселӣ	[karami brusseli:]
brócolos (m pl)	карами брокколӣ	[karami brokkoli:]
beterraba (f)	лаблабу	[lablabu]
beringela (f)	бодинҷон	[bodindʒon]
curgete (f)	таррак	[tarrak]
abóbora (f)	каду	[kadu]
nabo (m)	шалғам	[ʃalʁam]
salsa (f)	чаъфарӣ	[dʒa'fari:]
funcho, endro (m)	шибит	[ʃibit]
alface (f)	коҳу	[kohu]
aipo (m)	карафс	[karafs]
espargo (m)	морчӯба	[mortʃœba]
espinafre (m)	испаноқ	[ispanoq]
ervilha (f)	нахӯд	[naχœd]
fava (f)	лӯбиё	[lœbijɔ]
milho (m)	чувормакка	[dʒuvorimakka]
feijão (m)	лӯбиё	[lœbijɔ]
pimentão (m)	қаламфур	[qalamfur]
rabanete (m)	шалғамча	[ʃalʁamtʃa]
alcachofra (f)	анганор	[anganor]

55. Frutos. Nozes

fruta (f)	мева	[meva]
maçã (f)	себ	[seb]
pera (f)	мурӯд, нок	[murœd], [nok]
limão (m)	лиму	[limu]
laranja (f)	афлесун, пӯртахол	[aflesun], [pœrtaχol]
morango (m)	қулфинай	[qulfinaj]
tangerina (f)	норанг	[norang]
ameixa (f)	олу	[olu]
pêssego (m)	шафтолу	[ʃaftolu]
damasco (m)	дарахти зардолу	[daraχti zardolu]
framboesa (f)	тамашк	[tamaʃk]
ananás (m)	ананас	[ananas]
banana (f)	банан	[banan]
melancia (f)	тарбуз	[tarbuz]
uva (f)	ангур	[angur]
ginja (f)	олуболу	[olubolu]
cereja (f)	гелос	[gelos]
toranja (f)	норинҷ	[norindʒ]
abacate (m)	авокадо	[avokado]
papaia (f)	папайя	[papajja]
manga (f)	анбаҳ	[anbah]
romã (f)	анор	[anor]
groselha (f) vermelha	коти сурх	[koti surχ]
groselha (f) preta	қоти сиёҳ	[qoti sijoh]
groselha (f) espinhosa	бектошй	[bektoʃi:]
mirtilo (m)	черника	[tʃernika]
amora silvestre (f)	марминҷон	[marmindʒon]
uvas (f pl) passas	мавиз	[maviz]
figo (m)	анҷир	[andʒir]
tâmara (f)	хурмо	[χurmo]
amendoim (m)	финдуки заминй	[finduki zamini:]
amêndoa (f)	бодом	[bodom]
noz (f)	чормағз	[tʃormaʁz]
avelã (f)	финдиқ	[findiq]
coco (m)	норгил	[norgil]
pistáchios (m pl)	писта	[pista]

56. Pão. Bolaria

pastelaria (f)	маҳсулоти қанноди	[mahsuloti qannodi]
pão (m)	нон	[non]
bolacha (f)	кулчақанд	[kulʧaqand]
chocolate (m)	шоколад	[ʃokolad]
de chocolate	... и шоколад, шоколадй	[i ʃokolad], [ʃokoladi:]

rebuçado (m)	конфет	[konfet]
bolo (cupcake, etc.)	пирожни	[piroʒni]
bolo (m) de aniversário	торт	[tort]
tarte (~ de maçã)	пирог	[pirog]
recheio (m)	пур кардани, андохтани	[pur kardani], [andoχtani]
doce (m)	мураббо	[murabbo]
geleia (f) de frutas	мармалод	[marmalod]
waffle (m)	вафлй	[vafli:]
gelado (m)	яхмос	[jaχmos]
pudim (m)	пудинг	[puding]

57. Especiarias

sal (m)	намак	[namak]
salgado	шӯр	[ʃœr]
salgar (vt)	намак андохтан	[namak andoχtan]
pimenta (f) preta	мурчи сиёх	[murtʃi sijoh]
pimenta (f) vermelha	мурчи сурх	[murtʃi surχ]
mostarda (f)	хардал	[χardal]
raiz-forte (f)	қахзак	[qahzak]
condimento (m)	хӯриш	[χœriʃ]
especiaria (f)	дорувор	[doruvor]
molho (m)	қайла	[qajla]
vinagre (m)	сирко	[sirko]
anis (m)	тухми бодиён	[tuχmi bodijɔn]
manjericão (m)	нозбӯй, райхон	[nozbœj], [rajhon]
cravo (m)	қаланфури гардан	[qalanfuri gardan]
gengibre (m)	занчабил	[zandʒabil]
coentro (m)	кашнич	[kaʃnidʒ]
canela (f)	дорчин, долчин	[dortʃin], [doltʃin]
sésamo (m)	кунчид	[kundʒid]
folhas (f pl) de louro	барги ғор	[bargi ʁor]
páprica (f)	қаламфур	[qalamfur]
cominho (m)	зира	[zira]
açafrão (m)	заъфарон	[za'faron]

INFORMAÇÃO PESSOAL. FAMÍLIA

58. Informação pessoal. Formulários

nome (m)	ном	[nom]
apelido (m)	фамилия	[familija]
data (f) de nascimento	рӯзи таваллуд	[rœzi tavallud]
local (m) de nascimento	ҷойи таваллуд	[dʒoji tavallud]
nacionalidade (f)	миллият	[millijat]
lugar (m) de residência	ҷои истиқомат	[dʒoi istiqomat]
país (m)	кишвар	[kiʃvar]
profissão (f)	касб	[kasb]
sexo (m)	ҷинс	[dʒins]
estatura (f)	қад	[qad]
peso (m)	вазн	[vazn]

59. Membros da família. Parentes

mãe (f)	модар	[modar]
pai (m)	падар	[padar]
filho (m)	писар	[pisar]
filha (f)	духтар	[duχtar]
filha (f) mais nova	духтари хурдӣ	[duχtari χurdi:]
filho (m) mais novo	писари хурдӣ	[pisari χurdi:]
filha (f) mais velha	духтари калонӣ	[duχtari kaloni:]
filho (m) mais velho	писари калонӣ	[pisari kaloni:]
irmão (m)	бародар	[barodar]
irmão (m) mais velho	ака	[aka]
irmão (m) mais novo	додар	[dodar]
irmã (f)	хоҷар	[χohar]
irmã (f) mais velha	апа	[apa]
irmã (f) mais nova	хоҷари хурд	[χohari χurd]
primo (m)	амакписар (ама-, таго-, хола-)	[amakpisar] ([ama], [taʁo], [χola])
prima (f)	амакдухтар (ама-, таго-, хола-)	[amakduχtar] ([ama], [taʁo], [χola])
mamã (f)	модар, оча	[modar], [otʃa]
papá (m)	дада	[dada]
pais (pl)	волидайн	[volidajn]
criança (f)	кӯдак	[kœdak]
crianças (f pl)	бачагон, кӯдакон	[batʃagon], [kœdakon]
avó (f)	модаркалон, онакалон	[modarkalon], [onakalon]

avô (m)	бобо	[bobo]
neto (m)	набера	[nabera]
neta (f)	набера	[nabera]
netos (pl)	набераҳо	[naberaho]

tio (m)	тағо, амак	[taʁo], [amak]
tia (f)	хола, амма	[χola], [amma]
sobrinho (m)	чиян	[dʒijan]
sobrinha (f)	чиян	[dʒijan]

sogra (f)	модарарӯс	[modararœs]
sogro (m)	падаршӯй	[padarʃœj]
genro (m)	почо, язна	[potʃo], [jazna]
madrasta (f)	модарандар	[modarandar]
padrasto (m)	падарандар	[padarandar]

criança (f) de colo	бачаи ширмак	[batʃai ʃirmak]
bebé (m)	кӯдаки ширмак	[kœdaki ʃirmak]
menino (m)	писарча, кӯдак	[pisartʃa], [kœdak]

mulher (f)	зан	[zan]
marido (m)	шавҳар, шӯй	[ʃavhar], [ʃœj]
esposo (m)	завҷ	[zavdʒ]
esposa (f)	завҷа	[zavdʒa]

casado	зандор	[zandor]
casada	шавҳардор	[ʃavhardor]
solteiro	безан	[bezan]
solteirão (m)	безан	[bezan]
divorciado	чудошудагӣ	[dʒudoʃudagi:]
viúva (f)	бева, бевазан	[beva], [bevazan]
viúvo (m)	бева, занмурда	[beva], [zanmurda]

parente (m)	хеш	[χeʃ]
parente (m) próximo	хеши наздик	[χeʃi nazdik]
parente (m) distante	хеши дур	[χeʃi dur]
parentes (m pl)	хешу табор	[χeʃu tabor]

órfão (m)	ятимбача	[jatimbatʃa]
órfã (f)	ятимдухтар	[jatimduχtar]
tutor (m)	васӣ	[vasi:]
adotar (um filho)	писар хондан	[pisar χondan]
adotar (uma filha)	духтарҳонд кардан	[duχtarχond kardan]

60. Amigos. Colegas de trabalho

amigo (m)	дӯст, чӯра	[dœst], [dʒœra]
amiga (f)	дугона	[dugona]
amizade (f)	дӯстӣ, чӯрагӣ	[dœsti:], [dʒœragi:]
ser amigos	дӯстӣ кардан	[dœsti: kardan]

amigo (m)	дуст, рафик	[dust], [rafik]
amiga (f)	шинос	[ʃinos]
parceiro (m)	шарик	[ʃarik]

chefe (m)	сардор	[sardor]
superior (m)	сардор	[sardor]
proprietário (m)	соҳиб	[sohib]
subordinado (m)	зердаст	[zerdast]
colega (m)	ҳамкор	[hamkor]

conhecido (m)	шинос, ошно	[ʃinos], [oʃno]
companheiro (m) de viagem	ҳамроҳ	[hamroh]
colega (m) de classe	ҳамсинф	[hamsinf]

vizinho (m)	ҳамсоя	[hamsoja]
vizinha (f)	ҳамсоязан	[hamsojazan]
vizinhos (pl)	ҳамсояҳо	[hamsojaho]

CORPO HUMANO. MEDICINA

61. Cabeça

cabeça (f)	сар	[sar]
cara (f)	рӯй	[rœj]
nariz (m)	бинӣ	[bini:]
boca (f)	даҳон	[dahon]
olho (m)	чашм, дида	[ʧaʃm], [dida]
olhos (m pl)	чашмон	[ʧaʃmon]
pupila (f)	гавҳараки чашм	[gavharaki ʧaʃm]
sobrancelha (f)	абрӯ, қош	[abrœ], [qoʃ]
pestana (f)	мижа	[miʒa]
pálpebra (f)	пилкҳои чашм	[pilkhoi ʧaʃm]
língua (f)	забон	[zabon]
dente (m)	дандон	[dandon]
lábios (m pl)	лабҳо	[labho]
maçãs (f pl) do rosto	устухони рухсора	[ustuxoni ruxsora]
gengiva (f)	зираи дандон	[zirai dandon]
palato (m)	ком	[kom]
narinas (f pl)	сурохии бинӣ	[suroxi:i bini:]
queixo (m)	манаҳ	[manah]
mandíbula (f)	ҷоғ	[ʤoʁ]
bochecha (f)	рухсор	[ruxsor]
testa (f)	пешона	[peʃona]
têmpora (f)	чакка	[ʧakka]
orelha (f)	гӯш	[gœʃ]
nuca (f)	пушти сар	[puʃti sar]
pescoço (m)	гардан	[gardan]
garganta (f)	гулӯ	[gulœ]
cabelos (m pl)	мӯйи сар	[mœji sar]
penteado (m)	ороиши мӯйсар	[oroiʃi mœjsar]
corte (m) de cabelo	ороиши мӯйсар	[oroiʃi mœjsar]
peruca (f)	мӯи ориятӣ	[mœi orijati:]
bigode (m)	муйлаб, бурут	[mujlab], [burut]
barba (f)	риш	[riʃ]
usar, ter (~ barba, etc.)	мондан, доштан	[mondan], [doʃtan]
trança (f)	кокул	[kokul]
suíças (f pl)	риши бари рӯй	[riʃi bari rœj]
ruivo	сурхмуй	[surxmuj]
grisalho	сафед	[safed]
calvo	одамсар	[odamsar]
calva (f)	тосии сар	[tosi:i sar]

| rabo-de-cavalo (m) | думча | [dumtʃa] |
| franja (f) | пича | [pitʃa] |

62. Corpo humano

| mão (f) | панчаи даст | [pandʒai dast] |
| braço (m) | даст | [dast] |

dedo (m)	ангушт	[anguʃt]
dedo (m) do pé	чилик, ангушт	[tʃilik], [anguʃt]
polegar (m)	нарангушт	[naranguʃt]
dedo (m) mindinho	ангушти хурд	[anguʃti χurd]
unha (f)	нохун	[noχun]

punho (m)	кулак, мушт	[kulak], [muʃt]
palma (f) da mão	каф	[kaf]
pulso (m)	банди даст	[bandi dast]
antebraço (m)	бозу	[bozu]
cotovelo (m)	оринч	[orindʒ]
ombro (m)	китф	[kitf]

perna (f)	по	[po]
pé (m)	панчаи пой	[pandʒai poj]
joelho (m)	зону	[zonu]
barriga (f) da perna	соқи по	[soqi po]
anca (f)	миён	[mijɔn]
calcanhar (m)	пошна	[poʃna]

corpo (m)	бадан	[badan]
barriga (f)	шикам	[ʃikam]
peito (m)	сина	[sina]
seio (m)	сина, пистон	[sina], [piston]
lado (m)	паҳлу	[pahlu]
costas (f pl)	пушт	[puʃt]
região (f) lombar	камаргоҳ	[kamargoh]
cintura (f)	миён	[mijɔn]

umbigo (m)	ноф	[nof]
nádegas (f pl)	сурин	[surin]
traseiro (m)	сурин	[surin]

sinal (m)	хол	[χol]
sinal (m) de nascença	хол	[χol]
tatuagem (f)	вашм	[vaʃm]
cicatriz (f)	доғи захм	[doʁi zaχm]

63. Doenças

doença (f)	касалӣ, беморӣ	[kasali:], [bemori:]
estar doente	бемор будан	[bemor budan]
saúde (f)	тандурустӣ, саломатӣ	[tandurusti:], [salomati:]
nariz (m) a escorrer	зуком	[zukom]

amigdalite (f)	дарди гулӯ	[dardi gulœ]
constipação (f)	шамол хӯрдани	[ʃamol χœrdani]
constipar-se (vr)	шамол хӯрдан	[ʃamol χœrdan]

bronquite (f)	бронхит	[bronχit]
pneumonia (f)	варами шуш	[varami ʃuʃ]
gripe (f)	грипп	[gripp]

míope	наздикбин	[nazdikbin]
presbita	дурбин	[durbin]
estrabismo (m)	олусӣ	[olusi:]
estrábico	олус	[olus]
catarata (f)	катаракта	[katarakta]
glaucoma (m)	глаукома	[glaukoma]

AVC (m), apoplexia (f)	сактаи майна	[saktai majna]
ataque (m) cardíaco	инфаркт, сактаи дил	[infarkt], [saktai dil]
enfarte (m) do miocárdio	инфаркти миокард	[infarkti miokard]
paralisia (f)	фалач	[faladʒ]
paralisar (vt)	фалач шудан	[faladʒ ʃudan]

alergia (f)	аллергия	[allergija]
asma (f)	астма, зиҷҷи нафас	[astma], [ziqqi nafas]
diabetes (f)	диабет	[diabet]

dor (f) de dentes	дарди дандон	[dardi dandon]
cárie (f)	кариес	[karies]

diarreia (f)	шикамрав	[ʃikamrav]
prisão (f) de ventre	қабзият	[qabzijat]
desarranjo (m) intestinal	вайроншавии меъда	[vajronʃavi:i me'da]
intoxicação (f) alimentar	захролудшавӣ	[zahroludʃavi:]
intoxicar-se	захролуд шудан	[zahrolud ʃudan]

artrite (f)	артрит	[artrit]
raquitismo (m)	рахит, чиллаашӯр	[raχit], [tʃillaaʃœr]
reumatismo (m)	тарбод	[tarbod]
arteriosclerose (f)	атеросклероз	[ateroskleroz]

gastrite (f)	гастрит	[gastrit]
apendicite (f)	варами кӯррӯда	[varami kœrrœda]
colecistite (f)	холетсистит	[χoletsistit]
úlcera (f)	захм	[zaχm]

sarampo (m)	сурхча, сурхак	[surχtʃa], [surχak]
rubéola (f)	сурхакон	[surχakon]
iterícia (f)	зардча, заъфарма	[zardtʃa], [za'farma]
hepatite (f)	гепатит, қубод	[gepatit], [qubod]

esquizofrenia (f)	мачзубият	[madʒzubijat]
raiva (f)	ҳорӣ	[hori:]
neurose (f)	невроз, чунун	[nevroz], [tʃunun]
comoção (f) cerebral	зарб хӯрдани майна	[zarb χœrdani majna]

cancro (m)	саратон	[saraton]
esclerose (f)	склероз	[skleroz]

esclerose (f) múltipla	склерози густаришёфта	[sklerozi gustariʃʃɔfta]
alcoolismo (m)	майзадагӣ	[majzadagi:]
alcoólico (m)	майзада	[majzada]
sífilis (f)	оташак	[otaʃak]
SIDA (f)	СПИД	[spid]

tumor (m)	варам	[varam]
maligno	ганда	[ganda]
benigno	безарар	[bezarar]

febre (f)	таблapза, варача	[tablarza], [varadʒa]
malária (f)	варача	[varadʒa]
gangrena (f)	гангрена	[gangrena]
enjoo (m)	касалии баҳр	[kasali:i bahr]
epilepsia (f)	саръ	[sar']

epidemia (f)	эпидемия	[ɛpidemija]
tifo (m)	арақа, домана	[araqa], [domana]
tuberculose (f)	сил	[sil]
cólera (f)	вабо	[vabo]
peste (f)	тоун	[toun]

64. Sintomas. Tratamentos. Parte 1

sintoma (m)	аломат	[alomat]
temperatura (f)	ҳарорат, таб	[harorat], [tab]
febre (f)	ҳарорати баланд	[harorati baland]
pulso (m)	набз	[nabz]

vertigem (f)	саргардӣ	[sargardi:]
quente (testa, etc.)	гарм	[garm]
calafrio (m)	ларза, варача	[larza], [varadʒa]
pálido	рангпарида	[rangparida]

tosse (f)	сулфа	[sulfa]
tossir (vi)	сулфидан	[sulfidan]
espirrar (vi)	атса задан	[atsa zadan]
desmaio (m)	беҳушӣ	[behuʃi:]
desmaiar (vi)	беҳуш шудан	[behuʃ ʃudan]

nódoa (f) negra	доғи кабуд, кабудӣ	[doʁi kabud], [kabudi:]
galo (m)	ғуррӣ	[ʁurri:]
magoar-se (vr)	зада шудан	[zada ʃudan]
pisadura (f)	лат	[lat]
aleijar-se (vr)	лату кӯб хӯрдан	[latu kœb xœrdan]

coxear (vi)	лангидан	[langidan]
deslocação (f)	баромадан	[baromadan]
deslocar (vt)	баровардан	[barovardan]
fratura (f)	шикасти устухон	[ʃikasti ustuxon]
fraturar (vt)	устухон шикастан	[ustuxon ʃikastan]

| corte (m) | буриш | [buriʃ] |
| cortar-se (vr) | буридан | [buridan] |

hemorragia (f)	хунравӣ	[χunravi:]
queimadura (f)	сӯхта	[sœχta]
queimar-se (vr)	сӯзондан	[sœzondan]
picar (vt)	халондан	[χalondan]
picar-se (vr)	халидан	[χalidan]
lesionar (vt)	осеб дидан	[oseb didan]
lesão (m)	захм	[zaχm]
ferida (f), ferimento (m)	захм, реш	[zaχm], [reʃ]
trauma (m)	захм	[zaχm]
delirar (vi)	алой гуфтан	[aloi: guftan]
gaguejar (vi)	тутила шудан	[tutila ʃudan]
insolação (f)	офтобзанӣ	[oftobzani:]

65. Sintomas. Tratamentos. Parte 2

dor (f)	дард	[dard]
farpa (no dedo)	хор, зиреба	[χor], [zireba]
suor (m)	арақ	[araq]
suar (vi)	арақ кардан	[araq kardan]
vómito (m)	қайкунӣ	[qajkuni:]
convulsões (f pl)	рагкашӣ	[ragkaʃi:]
grávida	ҳомила	[homila]
nascer (vi)	таваллуд шудан	[tavallud ʃudan]
parto (m)	зоиш	[zoiʃ]
dar à luz	зоидан	[zoidan]
aborto (m)	аборт, бачапартой	[abort], [batʃapartoi:]
inspiração (f)	нафасгирӣ	[nafasgiri:]
expiração (f)	нафасбарорӣ	[nafasbarori:]
expirar (vi)	нафас баровардаи	[nafas barovardai]
inspirar (vi)	нафас кашидан	[nafas kaʃidan]
inválido (m)	инвалид	[invalid]
aleijado (m)	маъюб	[ma'jub]
toxicodependente (m)	нашъаманд	[naʃ'amand]
surdo	кар, гӯшкар	[kar], [gœʃkar]
mudo	гунг	[gung]
surdo-mudo	кару гунг	[karu gung]
louco (adj.)	девона	[devona]
louco (m)	девона	[devona]
louca (f)	девона	[devona]
ficar louco	аз ақл бегона шудан	[az aql begona ʃudan]
gene (m)	ген	[gen]
imunidade (f)	сироятнопазирӣ	[sirojatnopaziri:]
hereditário	меросӣ, ирсӣ	[merosi:], [irsi:]
congénito	модарзод	[modarzod]
vírus (m)	вирус	[virus]

micróbio (m)	микроб	[mikrob]
bactéria (f)	бактерия	[bakterija]
infeção (f)	сироят	[sirojat]

66. Sintomas. Tratamentos. Parte 3

| hospital (m) | касалхона | [kasalχona] |
| paciente (m) | бемор | [bemor] |

diagnóstico (m)	ташхиси касалй	[taʃχisi kasali:]
cura (f)	муолича	[muolidʒa]
tratamento (m) médico	табобат	[tabobat]
curar-se (vr)	табобат гирифтан	[tabobat giriftan]
tratar (vt)	табобат кардан	[tabobat kardan]
cuidar (pessoa)	нигохубин кардан	[nigohubin kardan]
cuidados (m pl)	нигохубин	[nigohubin]

operação (f)	чаррохи	[dʒarrohi]
enfaixar (vt)	бо бандина бастан	[bo bandina bastan]
enfaixamento (m)	чарохатбандй	[dʒarohatbandi:]

vacinação (f)	доругузаронй	[doruguzaroni:]
vacinar (vt)	эмгузаронй кардан	[ɛmguzaroni: kardan]
injeção (f)	сӯзанзанй	[sœzanzani:]
dar uma injeção	сӯзандору кардан	[sœzandoru kardan]

ataque (~ de asma, etc.)	хуруч	[χurudʒ]
amputação (f)	ампутатсия	[amputatsija]
amputar (vt)	ампутатсия кардан	[amputatsija kardan]
coma (f)	кома, игмо	[koma], [igmo]
estar em coma	дар кома будан	[dar koma budan]
reanimação (f)	шӯъбаи эхё	[ʃœ'bai ɛhjɔ]

recuperar-se (vr)	сихат шудан	[sihat ʃudan]
estado (~ de saúde)	ахвол	[ahvol]
consciência (f)	хуш	[huʃ]
memória (f)	хофиза	[hofiza]

tirar (vt)	кандан	[kandan]
chumbo (m), obturação (f)	пломба	[plomba]
chumbar, obturar (vt)	пломба занондан	[plomba zanondan]

| hipnose (f) | гипноз | [gipnoz] |
| hipnotizar (vt) | гипноз кардан | [gipnoz kardan] |

67. Medicina. Drogas. Acessórios

medicamento (m)	дору	[doru]
remédio (m)	дору	[doru]
receitar (vt)	таъйин кардан	[ta'jin kardan]
receita (f)	нусхаи даво	[nusχai davo]
comprimido (m)	хаб	[hab]

pomada (f)	марҳам	[marham]
ampola (f)	ампул	[ampul]
preparado (m)	доруи обакӣ	[dorui obaki:]
xarope (m)	сироп	[sirop]
cápsula (f)	ҳаб	[hab]
remédio (m) em pó	хока	[χoka]

ligadura (f)	дока	[doka]
algodão (m)	пахта	[paχta]
iodo (m)	йод	[jɔd]

penso (m) rápido	лейкопластир	[lejkoplastir]
conta-gotas (m)	қатрачакон	[qatratʃakon]
termómetro (m)	ҳароратсанҷ	[haroratsandʒ]
seringa (f)	обдуздак	[obduzdak]

| cadeira (f) de rodas | аробачаи маъюбӣ | [arobatʃai ma'jubi:] |
| muletas (f pl) | бағаласо | [baʁalaso] |

analgésico (m)	доруи дард	[dorui dard]
laxante (m)	мусҳил	[mushil]
álcool (m) etílico	спирт	[spirt]
ervas (f pl) medicinais	растаниҳои доругӣ	[rastanihoi dorugi:]
de ervas (chá ~)	... и алаф	[i alaf]

APARTAMENTO

68. Apartamento

apartamento (m)	манзил	[manzil]
quarto (m)	хона, ӯтоқ	[χona], [œtoq]
quarto (m) de dormir	хонаи хоб	[χonai χob]
sala (f) de jantar	хонаи хӯрокхӯрӣ	[χonai χœrokχœri:]
sala (f) de estar	меҳмонхона	[mehmonχona]
escritório (m)	утоқ	[utoq]
antessala (f)	мадхал, даҳлез	[madχal], [dahlez]
quarto (m) de banho	ваннахона	[vannaχona]
toilette (lavabo)	ҳоҷатхона	[hoʤatχona]
teto (m)	шифт	[ʃift]
chão, soalho (m)	фарш	[farʃ]
canto (m)	кунҷ	[kunʤ]

69. Mobiliário. Interior

mobiliário (m)	мебел	[mebel]
mesa (f)	миз	[miz]
cadeira (f)	курсӣ	[kursi:]
cama (f)	кат	[kat]
divã (m)	диван	[divan]
cadeirão (m)	курсӣ	[kursi:]
estante (f)	чевони китобмонӣ	[ʤevoni kitobmoni:]
prateleira (f)	раф, рафча	[raf], [raftʃa]
guarda-vestidos (m)	чевони либос	[ʤevoni libos]
cabide (m) de parede	либосовезак	[libosovezak]
cabide (m) de pé	либосовезак	[libosovezak]
cómoda (f)	чевон	[ʤevon]
mesinha (f) de centro	мизи қаҳва	[mizi qahva]
espelho (m)	оина	[oina]
tapete (m)	гилем, қолин	[gilem], [qolin]
tapete (m) pequeno	гилемча	[gilemtʃa]
lareira (f)	оташдон	[otaʃdon]
vela (f)	шамъ	[ʃam']
castiçal (m)	шамъдон	[ʃam'don]
cortinas (f pl)	парда	[parda]
papel (m) de parede	зардеворӣ	[zardevori:]

estores (f pl)	жалюзи	[ʒaljuzi]
candeeiro (m) de mesa	чароғи мизӣ	[ʧaroʁi mizi:]
candeeiro (m) de parede	чароғак	[ʧaroʁak]
candeeiro (m) de pé	торшер	[torʃer]
lustre (m)	қандил	[qandil]

pé (de mesa, etc.)	поя	[poja]
braço (m)	оринҷмонаки курсӣ	[orinʤmonaki kursi:]
costas (f pl)	пуштаки курсӣ	[puʃtaki kursi:]
gaveta (f)	ғаладон	[ʁaladon]

70. Quarto de dormir

roupa (f) de cama	чилдҳои болишту бистар	[ʤildhoi boliʃtu bistar]
almofada (f)	болишт	[boliʃt]
fronha (f)	чилди болишт	[ʤildi boliʃt]
cobertor (m)	кӯрпа	[kœrpa]
lençol (m)	чойпӯш	[ʤojpœʃ]
colcha (f)	болопӯш	[bolopœʃ]

71. Cozinha

cozinha (f)	ошхона	[oʃχona]
gás (m)	газ	[gaz]
fogão (m) a gás	плитаи газ	[plitai gaz]
fogão (m) elétrico	плитаи электрикӣ	[plitai ɛlektriki:]
forno (m) de micro-ondas	микроволновка	[mikrovolnovka]

frigorífico (m)	яхдон	[jaχdon]
congelador (m)	яхдон	[jaχdon]
máquina (f) de lavar louça	мошини зарфшӯй	[moʃini zarfʃœj]

moedor (m) de carne	мошини гӯштқӯбӣ	[moʃini gœʃtkœbi:]
espremedor (m)	шарбатафшурак	[ʃarbatafʃurak]
torradeira (f)	тостер	[toster]
batedeira (f)	миксер	[mikser]

máquina (f) de café	қаҳвачӯшонак	[qahvadʒœʃonak]
cafeteira (f)	зарфи қаҳвачӯшонӣ	[zarfi qahvadʒœʃoni:]
moinho (m) de café	дастоси қаҳва	[dastosi qahva]

chaleira (f)	чойник	[ʧojnik]
bule (m)	чойник	[ʧojnik]
tampa (f)	сарпӯш	[sarpœʃ]
coador (m) de chá	ғалберча	[ʁalbertʧa]

colher (f)	қошуқ	[qoʃuq]
colher (f) de chá	чойкошук	[ʧojkoʃuk]
colher (f) de sopa	қошуқи ошхӯрӣ	[qoʃuqi oʃχœri:]
garfo (m)	чангча, чангол	[ʧangʧa], [ʧangol]
faca (f)	корд	[kord]
louça (f)	табақ	[tabaq]

| prato (m) | таксимча | [taqsimtʃa] |
| pires (m) | таксимй, таксимича | [taqsimi:], [taqsimitʃa] |

cálice (m)	рюмка	[rjumka]
copo (m)	стакан	[stakan]
chávena (f)	косача	[kosatʃa]

açucareiro (m)	шакардон	[ʃakardon]
saleiro (m)	намакдон	[namakdon]
pimenteiro (m)	қаламфурдон	[qalamfurdon]
manteigueira (f)	равғандон	[ravʁandon]

panela, caçarola (f)	дегча	[degtʃa]
frigideira (f)	тоба	[toba]
concha (f)	кафлез, обгардон, сархумй	[kaflez], [obgardon], [sarxumi:]
bandeja (f)	лаълй	[la'li:]

garrafa (f)	шиша, сурохй	[ʃiʃa], [surohi:]
boião (m) de vidro	банкаи шишагй	[bankai ʃiʃagi:]
lata (f)	банкаи тунукагй	[bankai tunukagi:]

abre-garrafas (m)	саркушояк	[sarkuʃojak]
abre-latas (m)	саркушояк	[sarkuʃojak]
saca-rolhas (m)	пӯккашак	[pœkkaʃak]
filtro (m)	филтр	[filtr]
filtrar (vt)	полоидан	[poloidan]

| lixo (m) | ахлот | [axlot] |
| balde (m) do lixo | сатили ахлот | [satili axlot] |

72. Casa de banho

quarto (m) de banho	ваннахона	[vannaxona]
água (f)	об	[ob]
torneira (f)	чуммак, мил	[dʒummak], [mil]
água (f) quente	оби гарм	[obi garm]
água (f) fria	оби сард	[obi sard]

pasta (f) de dentes	хамираи дандон	[xamirai dandon]
escovar os dentes	дандон шустан	[dandon ʃustan]
escova (f) de dentes	чӯткаи дандоншӯй	[tʃœtkai dandonʃœi:]

barbear-se (vr)	риш гирифтан	[riʃ giriftan]
espuma (f) de barbear	кафки ришгирй	[kafki riʃgiri:]
máquina (f) de barbear	ришгирак	[riʃgirak]

lavar (vt)	шустан	[ʃustan]
lavar-se (vr)	шустушӯ кардан	[ʃustuʃœ kardan]
tomar um duche	ба душ даромадан	[ba duʃ daromadan]

banheira (f)	ванна	[vanna]
sanita (f)	нишастгохи халочо	[niʃastgohi xalodʒo]
lavatório (m)	дастшӯяк	[dastʃœjak]

sabonete (m)	собун	[sobun]
saboneteira (f)	собундон	[sobundon]
esponja (f)	исфанч	[isfandʒ]
champô (m)	шампун	[ʃampun]
toalha (f)	сачоқ	[satʃoq]
roupão (m) de banho	халат	[xalat]
lavagem (f)	чомашӯй	[dʒomaʃœi:]
máquina (f) de lavar	мошини чомашӯй	[moʃini dʒomaʃœi:]
lavar a roupa	чомашӯй кардан	[dʒomaʃœi: kardan]
detergente (m)	хокаи чомашӯй	[xokai dʒomaʃœi:]

73. Eletrodomésticos

televisor (m)	телевизор	[televizor]
gravador (m)	магнитафон	[magnitafon]
videogravador (m)	видеомагнитафон	[videomagnitafon]
rádio (m)	радио	[radio]
leitor (m)	плеер	[pleer]
projetor (m)	видеопроектор	[videoproektor]
cinema (m) em casa	кинотеатри хонагӣ	[kinoteatri xonagi:]
leitor (m) de DVD	DVD-монак	[ɛøɛ-monak]
amplificador (m)	қувватафзо	[quvvatafzo]
console (f) de jogos	плейстейшн	[plejstejʃn]
câmara (f) de vídeo	видеокамера	[videokamera]
máquina (f) fotográfica	фотоаппарат	[fotoapparat]
câmara (f) digital	суратгираки рақамӣ	[suratgiraki raqami:]
aspirador (m)	чангкашак	[tʃangkaʃak]
ferro (m) de engomar	дарзмол	[darzmol]
tábua (f) de engomar	тахтаи дарзмолкунӣ	[taxtai darzmolkuni:]
telefone (m)	телефон	[telefon]
telemóvel (m)	телефони мобилӣ	[telefoni mobili:]
máquina (f) de escrever	мошинаи хатнависӣ	[moʃinai xatnavisi:]
máquina (f) de costura	мошинаи чокдӯзӣ	[moʃinai tʃokdœzi:]
microfone (m)	микрофон	[mikrofon]
auscultadores (m pl)	гӯшак, гӯшпӯшак	[gœʃak], [gœʃpœʃak]
controlo remoto (m)	пулт	[pult]
CD (m)	компакт-диск	[kompakt-disk]
cassete (f)	кассета	[kasseta]
disco (m) de vinil	пластинка	[plastinka]

A TERRA. TEMPO

74. Espaço sideral

cosmos (m)	кайҳон	[kajhon]
cósmico	... и кайҳон	[i kajhon]
espaço (m) cósmico	фазои кайҳон	[fazoi kajhon]
mundo (m)	чаҳон	[dʒahon]
universo (m)	коинот	[koinot]
galáxia (f)	галактика	[galaktika]

estrela (f)	ситора	[sitora]
constelação (f)	бурҷ	[burdʒ]
planeta (m)	сайёра	[sajjora]
satélite (m)	радиф	[radif]

meteorito (m)	метеорит, шиҳобпора	[meteorit], [ʃihobpora]
cometa (m)	ситораи думдор	[sitorai dumdor]
asteroide (m)	астероид	[asteroid]

órbita (f)	мадор	[mador]
girar (vi)	давр задан	[davr zadan]
atmosfera (f)	атмосфера	[atmosfera]

Sol (m)	Офтоб	[oftob]
Sistema (m) Solar	манзумаи шамсӣ	[manzumai ʃamsi:]
eclipse (m) solar	гирифтани офтоб	[giriftani oftob]

Terra (f)	Замин	[zamin]
Lua (f)	Моҳ	[moh]

Marte (m)	Миррих	[mirriχ]
Vénus (f)	Зӯҳра, Ноҳид	[zœhra], [nohid]
Júpiter (m)	Муштарӣ	[muʃtari:]
Saturno (m)	Кайвон	[kajvon]

Mercúrio (m)	Уторид	[utorid]
Urano (m)	Уран	[uran]
Neptuno (m)	Нептун	[neptun]
Plutão (m)	Плутон	[pluton]

Via Láctea (f)	Роҳи Каҳкашон	[rohi kahkaʃon]
Ursa Maior (f)	Дубби Акбар	[dubbi akbar]
Estrela Polar (f)	Ситораи қутбӣ	[sitorai qutbi:]

marciano (m)	миррихӣ	[mirriχi:]
extraterrestre (m)	инопланетянхо	[inoplanetjanho]
alienígena (m)	махлуқи кайҳонӣ	[maχluqi: kajhoni:]
disco (m) voador	табақи парвозкунанда	[tabaqi parvozkunanda]
nave (f) espacial	киштии кайҳонӣ	[kiʃti:i kajhoni:]

estação (f) orbital	стантсияи мадорӣ	[stantsijai madori:]
lançamento (m)	оғоз	[oʁoz]
motor (m)	муҳаррик	[muharrik]
bocal (m)	сопло	[soplo]
combustível (m)	сӯзишворӣ	[sœziʃvori:]
cabine (f)	кабина	[kabina]
antena (f)	антенна	[antenna]
vigia (f)	иллюминатор	[illjuminator]
bateria (f) solar	батареи офтобӣ	[batarei oftobi:]
traje (m) espacial	скафандр	[skafandr]
imponderabilidade (f)	бевазнӣ	[bevazni:]
oxigénio (m)	оксиген	[oksigen]
acoplagem (f)	пайваст	[pajvast]
fazer uma acoplagem	пайваст кардан	[pajvast kardan]
observatório (m)	расадхона	[rasadxona]
telescópio (m)	телескоп	[teleskop]
observar (vt)	мушоҳида кардан	[muʃohida kardan]
explorar (vt)	таҳқиқ кардан	[tahqiq kardan]

75. A Terra

Terra (f)	Замин	[zamin]
globo terrestre (Terra)	кураи замин	[kurai zamin]
planeta (m)	сайёра	[sajjora]
atmosfera (f)	атмосфера	[atmosfera]
geografia (f)	география	[geografija]
natureza (f)	табиат	[tabiat]
globo (mapa esférico)	глобус	[globus]
mapa (m)	харита	[xarita]
atlas (m)	атлас	[atlas]
Ásia (f)	Осиё	[osijo]
África (f)	Африқо	[afriqo]
Austrália (f)	Австралия	[avstralija]
América (f)	Америка	[amerika]
América (f) do Norte	Америкаи Шимолӣ	[amerikai ʃimoli:]
América (f) do Sul	Америкаи Ҷанубӣ	[amerikai dʒanubi:]
Antártida (f)	Антарктида	[antarktida]
Ártico (m)	Арктика	[arktika]

76. Pontos cardeais

norte (m)	шимол	[ʃimol]
para norte	ба шимол	[ba ʃimol]

no norte	дар шимол	[dar ʃimol]
do norte	шимолӣ, ... и шимол	[ʃimoli:], [i ʃimol]
sul (m)	ҷануб	[dʒanub]
para sul	ба ҷануб	[ba dʒanub]
no sul	дар ҷануб	[dar dʒanub]
do sul	ҷанубӣ, ... и ҷануб	[dʒanubi:], [i dʒanub]
oeste, ocidente (m)	ғарб	[ʁarb]
para oeste	ба ғарб	[ba ʁarb]
no oeste	дар ғарб	[dar ʁarb]
ocidental	ғарбӣ, ... и ғарб	[ʁarbi:], [i ʁarb]
leste, oriente (m)	шарқ	[ʃarq]
para leste	ба шарқ	[ba ʃarq]
no leste	дар шарқ	[dar ʃarq]
oriental	шарқӣ	[ʃarqi:]

77. Mar. Oceano

mar (m)	баҳр	[bahr]
oceano (m)	уқёнус	[uqjɔnus]
golfo (m)	халич	[xalidʒ]
estreito (m)	гулӯгоҳ	[gulœgoh]
terra (f) firme	хушкӣ, замин	[xuʃki:], [zamin]
continente (m)	материк, қитъа	[materik], [qit'a]
ilha (f)	ҷазира	[dʒazira]
península (f)	нимҷазира	[nimdʒazira]
arquipélago (m)	галаҷазира	[galadʒazira]
baía (f)	халич	[xalidʒ]
porto (m)	бандар	[bandar]
lagoa (f)	лагуна	[laguna]
cabo (m)	димоға	[dimoʁa]
atol (m)	атолл	[atoll]
recife (m)	харсанги зериобӣ	[xarsangi zeriobi:]
coral (m)	марчон	[mardʒon]
recife (m) de coral	обсанги марчонӣ	[obsangi mardʒoni:]
profundo	чуқур	[ʧuqur]
profundidade (f)	чуқурӣ	[ʧuquri:]
abismo (m)	қаър	[qa'r]
fossa (f) oceânica	чуқурӣ	[ʧuquri:]
corrente (f)	ҷараён	[dʒarajɔn]
banhar (vt)	шустан	[ʃustan]
litoral (m)	соҳил, соҳили баҳр	[sohil], [sohili bahr]
costa (f)	соҳил	[sohil]
maré (f) alta	мадд	[madd]
refluxo (m), maré (f) baixa	ҷазр	[dʒazr]

| restinga (f) | пастоб | [pastob] |
| fundo (m) | қаър | [qa'r] |

onda (f)	мавҷ	[mavʤ]
crista (f) da onda	теғаи мавҷ	[teʁai mavʤ]
espuma (f)	кафк	[kafk]

tempestade (f)	тӯфон, бӯрои	[tœfon], [bœroi]
furacão (m)	тундбод	[tundbod]
tsunami (m)	сунами	[sunami]
calmaria (f)	сукунати ҳаво	[sukunati havo]
calmo	ором	[orom]

| polo (m) | қутб | [qutb] |
| polar | қутбӣ | [qutbi:] |

latitude (f)	арз	[arz]
longitude (f)	тӯл	[tœl]
paralela (f)	параллел	[parallel]
equador (m)	хати истиво	[χati istivo]

céu (m)	осмон	[osmon]
horizonte (m)	уфуқ	[ufuq]
ar (m)	ҳаво	[havo]

farol (m)	мино	[mino]
mergulhar (vi)	ғӯта задан	[ʁœta zadan]
afundar-se (vr)	ғарқ шудан	[ʁarq ʃudan]
tesouros (m pl)	ганҷ	[ganʤ]

78. Nomes de Mares e Oceanos

Oceano (m) Atlântico	Уқёнуси Атлантик	[uqjɔnusi atlantik]
Oceano (m) Índico	Уқёнуси Ҳинд	[uqjɔnusi hind]
Oceano (m) Pacífico	Уқёнуси Ором	[uqjɔnusi orom]
Oceano (m) Ártico	Уқёнуси яхбастаи шимолӣ	[uqjɔnusi jaχbastai ʃimoli:]

Mar (m) Negro	Баҳри Сиёҳ	[bahri sijɔh]
Mar (m) Vermelho	Баҳри Сурх	[bahri surχ]
Mar (m) Amarelo	Баҳри Зард	[bahri zard]
Mar (m) Branco	Баҳри Сафед	[bahri safed]

Mar (m) Cáspio	Баҳри Хазар	[bahri χazar]
Mar (m) Morto	Баҳри Майит	[bahri majit]
Mar (m) Mediterrâneo	Баҳри Миёназамин	[bahri mijɔnazamin]

| Mar (m) Egeu | Баҳри Эгей | [bahri ɛgej] |
| Mar (m) Adriático | Баҳри Адриатика | [bahri adriatika] |

Mar (m) Arábico	Баҳри Араби	[bahri aravi]
Mar (m) do Japão	Баҳри Ҷопон	[bahri ʤopon]
Mar (m) de Bering	Баҳри Беринг	[bahri bering]
Mar (m) da China Meridional	Баҳри Хитойи Ҷанубӣ	[bahri χitoji ʤanubi:]
Mar (m) de Coral	Баҳри Марҷон	[bahri marʤon]

| Mar (m) de Tasman | Баҳри Тасман | [bahri tasman] |
| Mar (m) do Caribe | Баҳри Кариб | [bahri karib] |

| Mar (m) de Barents | Баҳри Баренс | [bahri barens] |
| Mar (m) de Kara | Баҳри Кара | [bahri kara] |

Mar (m) do Norte	Баҳри Шимолӣ	[bahri ʃimoli:]
Mar (m) Báltico	Баҳри Балтика	[bahri baltika]
Mar (m) da Noruega	Баҳри Норвегия	[bahri norvegija]

79. Montanhas

montanha (f)	кӯҳ	[kœh]
cordilheira (f)	силсилакӯҳ	[silsilakœh]
serra (f)	қаторкӯҳ	[qatorkœh]

cume (m)	кулла	[kulla]
pico (m)	қулла	[qulla]
sopé (m)	доманаи кӯҳ	[domanai kœh]
declive (m)	нишебӣ	[niʃebi:]

vulcão (m)	вулқон	[vulqon]
vulcão (m) ativo	вулқони амалкунанда	[vulqoni amalkunanda]
vulcão (m) extinto	вулқони хомӯшшуда	[vulqoni χomœʃʃuda]

erupção (f)	оташфишонӣ	[otaʃfiʃoni:]
cratera (f)	танӯра	[tanœra]
magma (m)	магма, тафта	[magma], [tafta]
lava (f)	гудоза	[gudoza]
fundido (lava ~a)	тафта	[tafta]

desfiladeiro (m)	оббурда, дара	[obburda], [dara]
garganta (f)	дара	[dara]
fenda (f)	тангно	[tangno]
precipício (m)	партгоҳ	[partgoh]

passo, colo (m)	ағба	[aʁba]
planalto (m)	пуштаи кӯҳ	[puʃtai kœh]
falésia (f)	шух	[ʃuχ]
colina (f)	теппа	[teppa]

glaciar (m)	пирях	[pirjaχ]
queda (f) d'água	шаршара	[ʃarʃara]
géiser (m)	гейзер	[gejzer]
lago (m)	кул	[kul]

planície (f)	ҳамворӣ	[hamvori:]
paisagem (f)	манзара	[manzara]
eco (m)	акси садо	[aksi sado]

alpinista (m)	кӯҳнавард	[kœhnavard]
escalador (m)	шухпаймо	[ʃuχpajmo]
conquistar (vt)	фатҳ кардан	[fath kardan]
subida, escalada (f)	болобароӣ	[bolobaroi:]

80. Nomes de montanhas

Alpes (m pl)	Кӯҳҳои Алп	[kœhhoi alp]
monte Branco (m)	Монблан	[monblan]
Pirineus (m pl)	Кӯҳҳои Пиреней	[kœhhoi pirenej]
Cárpatos (m pl)	Кӯҳҳои Карпат	[kœhhoi karpat]
montes (m pl) Urais	Кӯҳҳои Урал	[kœhhoi ural]
Cáucaso (m)	Кӯҳҳои Кавказ	[kœhhoi kavkaz]
Elbrus (m)	Елбруз	[elbruz]
Altai (m)	Алтай	[altaj]
Tian Shan (m)	Тиёншон	[tijɔnʃon]
Pamir (m)	Кӯҳҳои Помир	[kœhhoi pomir]
Himalaias (m pl)	Ҳимолой	[himoloj]
monte (m) Everest	Эверест	[ɛverest]
Cordilheira (f) dos Andes	Кӯҳҳои Анд	[kœhhoi and]
Kilimanjaro (m)	Килиманчаро	[kilimandʒaro]

81. Rios

rio (m)	дарё	[darjɔ]
fonte, nascente (f)	чашма	[tʃaʃma]
leito (m) do rio	мачрои дарё	[madʒroi darjɔ]
bacia (f)	ҳавза	[havza]
desaguar no ...	рехтан ба ...	[reχtan ba]
afluente (m)	шохоб	[ʃoχob]
margem (do rio)	соҳил	[sohil]
corrente (f)	чараён	[dʒarajon]
rio abaixo	мувофиқи рафти об	[muvofiqi rafti ob]
rio acima	муқобили самти об	[muqobili samti ob]
inundação (f)	обхезй	[obχezi:]
cheia (f)	обхез	[obχez]
transbordar (vi)	дамидан	[damidan]
inundar (vt)	зер кардан	[zer kardan]
banco (m) de areia	тунукоба	[tunukoba]
rápidos (m pl)	мавчрез	[mavdʒrez]
barragem (f)	сарбанд	[sarband]
canal (m)	канал	[kanal]
reservatório (m) de água	обанбор	[obanbor]
eclusa (f)	шлюз	[ʃljuz]
corpo (m) de água	обанбор	[obanbor]
pântano (m)	ботлоқ, ботқоқ	[botloq], [botqoq]
tremedal (m)	ботлоқ	[botloq]
remoinho (m)	гирдоб	[girdob]
arroio, regato (m)	чӯй	[dʒœj]

potável	нӯшиданӣ	[nœʃidani:]
doce (água)	ширин	[ʃirin]
gelo (m)	ях	[jaχ]
congelar-se (vr)	ях бастан	[jaχ bastan]

82. Nomes de rios

rio Sena (m)	Сена	[sena]
rio Loire (m)	Луара	[luara]
rio Tamisa (m)	Темза	[temza]
rio Reno (m)	Рейн	[rejn]
rio Danúbio (m)	Дунай	[dunaj]
rio Volga (m)	Волга	[volga]
rio Don (m)	Дон	[don]
rio Lena (m)	Лена	[lena]
rio Amarelo (m)	Хуанхе	[χuanχe]
rio Yangtzé (m)	Янсзи	[janszi]
rio Mekong (m)	Меконг	[mekong]
rio Ganges (m)	Ганга	[ganga]
rio Nilo (m)	Нил	[nil]
rio Congo (m)	Конго	[kongo]
rio Cubango (m)	Окаванго	[okavango]
rio Zambeze (m)	Замбези	[zambezi]
rio Limpopo (m)	Лимпопо	[limpopo]
rio Mississípi (m)	Миссисипи	[missisipi]

83. Floresta

floresta (f), bosque (m)	чангал	[dʒangal]
florestal	чангалӣ	[dʒangali:]
mata (f) cerrada	чангалзор	[dʒangalzor]
arvoredo (m)	дарахтзор	[daraχtzor]
clareira (f)	чаман	[tʃaman]
matagal (m)	буттазор	[buttazor]
mato (m)	буттазор	[buttazor]
vereda (f)	пайраҳа	[pajraha]
ravina (f)	оббурда	[obburda]
árvore (f)	дарахт	[daraχt]
folha (f)	барг	[barg]
folhagem (f)	баргҳои дарахт	[barghoi daraχt]
queda (f) das folhas	баргрезӣ	[bargrezi:]
cair (vi)	рехтан	[reχtan]

topo (m)	нӯг	[nœg]
ramo (m)	шох, шохча	[ʃoχ], [ʃoχʧa]
galho (m)	шохи дарахг	[ʃoχi daraχg]
botão, rebento (m)	муғча	[muʁʤa]
agulha (f)	сӯзан	[sœzan]
pinha (f)	чалғӯза	[ʤalʁœza]
buraco (m) de árvore	сӯрохи дарахт	[sœroχi daraχt]
ninho (m)	ошёна, лона	[oʃɔna], [lona]
toca (f)	хона	[χona]
tronco (m)	тана	[tana]
raiz (f)	реша	[reʃa]
casca (f) de árvore	пӯсти дарахт	[pœsti daraχt]
musgo (m)	ушна	[uʃna]
arrancar pela raiz	реша кофтан	[reʃa koftan]
cortar (vt)	зада буридан	[zada buridan]
desflorestar (vt)	бурида нест кардан	[burida nest kardan]
toco, cepo (m)	кундаи дарахт	[kundai daraχt]
fogueira (f)	гулхан	[gulχan]
incêndio (m) florestal	сӯхтор, оташ	[sœχtor], [otaʃ]
apagar (vt)	хомӯш кардан	[χomœʃ kardan]
guarda-florestal (m)	чангалбон	[ʤangalbon]
proteção (f)	нигохбонӣ	[nigohboni:]
proteger (a natureza)	нигохбонӣ кардан	[nigohboni: kardan]
caçador (m) furtivo	қӯруқшикан	[qœruqʃikan]
armadilha (f)	қапқон, дом	[qapqon], [dom]
colher (cogumelos, bagas)	чидан	[ʧidan]
perder-se (vr)	рох гум кардан	[roh gum kardan]

84. Recursos naturais

recursos (m pl) naturais	захирахои табий	[zaχirahoi tabi:i:]
minerais (m pl)	маъданхои фоиданок	[ma'danhoi foidanok]
depósitos (m pl)	кон, маъдаи	[kon], [ma'dai]
jazida (f)	кон	[kon]
extrair (vt)	кандан	[kandan]
extração (f)	канданй	[kandani:]
minério (m)	маъдан	[ma'dan]
mina (f)	кон	[kon]
poço (m) de mina	чох	[ʧoh]
mineiro (m)	конкан	[konkan]
gás (m)	газ	[gaz]
gasoduto (m)	қубури газ	[quburi gaz]
petróleo (m)	нефт	[neft]
oleoduto (m)	қубури нефт	[quburi neft]
poço (m) de petróleo	чохи нафт	[ʧohi naft]

| torre (f) petrolífera | бурчи нафткашй | [burdʒi naftkaʃi:] |
| petroleiro (m) | танкер | [tanker] |

areia (f)	рег	[reg]
calcário (m)	оҳаксанг	[ohaksang]
cascalho (m)	сангреза, шағал	[sangreza], [ʃaʁal]
turfa (f)	торф	[torf]
argila (f)	гил	[gil]
carvão (m)	ангишт	[angiʃt]

ferro (m)	оҳан	[ohan]
ouro (m)	зар, тилло	[zar], [tillo]
prata (f)	нуқра	[nuqra]
níquel (m)	никел	[nikel]
cobre (m)	мис	[mis]

zinco (m)	руҳ	[ruh]
manganês (m)	манган	[mangan]
mercúrio (m)	симоб	[simob]
chumbo (m)	сурб	[surb]

mineral (m)	минерал, маъдан	[mineral], [ma'dan]
cristal (m)	булӯр, шӯша	[bulœr], [ʃœʃa]
mármore (m)	мармар	[marmar]
urânio (m)	уран	[uran]

85. Tempo

tempo (m)	обу ҳаво	[obu havo]
previsão (f) do tempo	пешгӯии ҳаво	[peʃgœi:i havo]
temperatura (f)	ҳарорат	[harorat]
termómetro (m)	ҳароратсанҷ	[haroratsandʒ]
barómetro (m)	барометр, ҳавосанҷ	[barometr], [havosandʒ]

| húmido | намнок | [namnok] |
| humidade (f) | намй, рутубат | [nami:], [rutubat] |

calor (m)	гармй	[garmi:]
cálido	тафсон	[tafson]
está muito calor	ҳаво тафсон аст	[havo tafson ast]

| está calor | ҳаво гарм аст | [havo garm ast] |
| quente | гарм | [garm] |

| está frio | ҳаво сард аст | [havo sard ast] |
| frio | хунук, сард | [xunuk], [sard] |

sol (m)	офтоб	[oftob]
brilhar (vi)	тобидан	[tobidan]
de sol, ensolarado	... и офтоб	[i oftob]
nascer (vi)	баромадан	[baromadan]
pôr-se (vr)	паст шудан	[past ʃudan]
nuvem (f)	абр	[abr]
nublado	... и абр, абрй	[i abr], [abri:]

nuvem (f) preta	абри сиёх	[abri sijɔh]
escuro, cinzento	абрнок	[abrnok]
chuva (f)	борон	[boron]
está a chover	борон меборад	[boron meborad]
chuvoso	серборон	[serboron]
chuviscar (vi)	сим-сим боридан	[sim-sim boridan]
chuva (f) torrencial	борони сахт	[boroni saχt]
chuvada (f)	борони сел	[boroni sel]
forte (chuva)	сахт	[saχt]
poça (f)	кӯлмак	[kœlmak]
molhar-se (vr)	шилтиқ шудан	[ʃiltiq ʃudan]
nevoeiro (m)	туман	[tuman]
de nevoeiro	… и туман	[i tuman]
neve (f)	барф	[barf]
está a nevar	барф меборад	[barf meborad]

86. Tempo extremo. Catástrofes naturais

trovoada (f)	раъду барк	[ra'du bark]
relâmpago (m)	барқ	[barq]
relampejar (vi)	дурахшидан	[duraχʃidan]
trovão (m)	тундар	[tundar]
trovejar (vi)	гулдуррос задан	[guldurros zadan]
está a trovejar	раъд гулдуррос мезанад	[ra'd guldurros mezanad]
granizo (m)	жола	[ʒola]
está a cair granizo	жола меборад	[ʒola meborad]
inundar (vt)	зер кардан	[zer kardan]
inundação (f)	обхезй	[obχezi:]
terremoto (m)	заминчунбй	[zamindʒunbi:]
abalo, tremor (m)	заминчунбй,такон	[zamindʒunbi:,takon]
epicentro (m)	эпимарказ	[ɛpimarkaz]
erupção (f)	оташфишонй	[otaʃfiʃoni:]
lava (f)	гудоза	[gudoza]
turbilhão (m)	гирдбод	[girdbod]
tornado (m)	торнадо	[tornado]
tufão (m)	тӯфон	[tœfon]
furacão (m)	тундбод	[tundbod]
tempestade (f)	тӯфон, бӯрои	[tœfon], [bœroi]
tsunami (m)	сунами	[sunami]
ciclone (m)	сиклон	[siklon]
mau tempo (m)	хавои бад	[havoi bad]
incêndio (m)	сӯхтор, оташ	[sœχtor], [otaʃ]
catástrofe (f)	садама, фалокат	[sadama], [falokat]

meteorito (m)	метеорит, шихобпора	[meteorit], [ʃihobpora]
avalanche (f)	тарма	[tarma]
deslizamento (m) de neve	тарма	[tarma]
nevasca (f)	бӯрони барфӣ	[bœroni barfi:]
tempestade (f) de neve	бӯрон	[bœron]

FAUNA

87. Mamíferos. Predadores

predador (m)	дарранда	[darranda]
tigre (m)	бабр, паланг	[babr], [palang]
leão (m)	шер	[ʃer]
lobo (m)	гург	[gurg]
raposa (f)	рӯбоҳ	[rœboh]
jaguar (m)	юзи ало	[juzi alo]
leopardo (m)	паланг	[palang]
chita (f)	юз	[juz]
pantera (f)	пантера	[pantera]
puma (m)	пума	[puma]
leopardo-das-neves (m)	шерпаланг	[ʃerpalang]
lince (m)	силовсин	[silovsin]
coiote (m)	койот	[kojɔt]
chacal (m)	шагол	[ʃagol]
hiena (f)	кафтор	[kaftor]

88. Animais selvagens

animal (m)	ҳайвон	[hajvon]
besta (f)	ҳайвони ваҳшӣ	[hajvoni vahʃi:]
esquilo (m)	санҷоб	[sanʤob]
ouriço (m)	хорпушт	[xorpuʃt]
lebre (f)	заргӯш	[zargœʃ]
coelho (m)	харгӯш	[xargœʃ]
texugo (m)	қашқалдоқ	[qaʃqaldoq]
guaxinim (m)	енот	[enot]
hamster (m)	миримӯшон	[mirimœʃon]
marmota (f)	суғур	[suʁur]
toupeira (f)	кӯрмуш	[kœrmuʃ]
rato (m)	муш	[muʃ]
ratazana (f)	калламуш	[kallamuʃ]
morcego (m)	кӯршапарак	[kœrʃaparak]
arminho (m)	қоқум	[qoqum]
zibelina (f)	самур	[samur]
marta (f)	савсор	[savsor]
doninha (f)	росу	[rosu]
vison (m)	вашақ	[vaʃaq]

| castor (m) | кундуз | [kunduz] |
| lontra (f) | сагоби | [sagobi] |

cavalo (m)	асп	[asp]
alce (m)	шоҳгавазн	[ʃohgavazn]
veado (m)	гавазн	[gavazn]
camelo (m)	шутур, уштур	[ʃutur], [uʃtur]

bisão (m)	бизон	[bizon]
auroque (m)	гови ваҳшӣ	[govi vahʃi:]
búfalo (m)	говмеш	[govmeʃ]

zebra (f)	гӯрхар	[gœrχar]
antílope (m)	антилопа, ғизол	[antilopa], [ʁizol]
corça (f)	оху	[ohu]
gamo (m)	оху	[ohu]
camurça (f)	нахчир, бузи кӯҳӣ	[naχtʃir], [buzi kœhi:]
javali (m)	хуки ваҳши	[χuki vahʃi]

baleia (f)	кит, наҳанг	[kit], [nahang]
foca (f)	тюлен	[tjulen]
morsa (f)	морж	[morʒ]
urso-marinho (m)	гурбаи обӣ	[gurbai obi:]
golfinho (m)	делфин	[delfin]

urso (m)	хирс	[χirs]
urso (m) branco	хирси сафед	[χirsi safed]
panda (m)	панда	[panda]

macaco (em geral)	маймун	[majmun]
chimpanzé (m)	шимпанзе	[ʃimpanze]
orangotango (m)	орангутанг	[orangutang]
gorila (m)	горилла	[gorilla]
macaco (m)	макака	[makaka]
gibão (m)	гиббон	[gibbon]

elefante (m)	фил	[fil]
rinoceronte (m)	карк, каркадан	[kark], [karkadan]
girafa (f)	заррофа	[zarrofa]
hipopótamo (m)	баҳмут	[bahmut]

| canguru (m) | кенгуру | [kenguru] |
| coala (m) | коала | [koala] |

mangusto (m)	росу	[rosu]
chinchila (m)	вашақ	[vaʃaq]
doninha-fedorenta (f)	скунс	[skuns]
porco-espinho (m)	чайра, дугпушт	[dʒajra], [dugpuʃt]

89. Animais domésticos

gata (f)	гурба	[gurba]
gato (m) macho	гурбаи нар	[gurbai nar]
cão (m)	саг	[sag]

cavalo (m)	асп	[asp]
garanhão (m)	айғир, аспи нар	[ajʁir], [aspi nar]
égua (f)	модиён, байтал	[modijɔn], [bajtal]
vaca (f)	гов	[gov]
touro (m)	барзагов	[barzagov]
boi (m)	барзагов	[barzagov]
ovelha (f)	меш, гӯсфанд	[meʃ], [gœsfand]
carneiro (m)	гӯсфанд	[gœsfand]
cabra (f)	буз	[buz]
bode (m)	така, серка	[taka], [serka]
burro (m)	хар, маркаб	[χar], [markab]
mula (f)	хачир	[χatʃir]
porco (m)	хуқ	[χuq]
leitão (m)	хукбача	[χukbatʃa]
coelho (m)	харгӯш	[χargœʃ]
galinha (f)	мурғ	[murʁ]
galo (m)	хурӯс	[χurœs]
pata (f)	мурғобӣ	[murʁobi:]
pato (macho)	мурғобии нар	[murʁobi:i nar]
ganso (m)	қоз, ғоз	[qoz], [ʁoz]
peru (m)	хурӯси мурғи марчон	[χurœsi murʁi mardʒon]
perua (f)	мокиёни мурғи марчон	[mokijɔni murʁi mardʒon]
animais (m pl) domésticos	ҳайвони хонагӣ	[hajvoni χonagi:]
domesticado	ромшуда	[romʃuda]
domesticar (vt)	дастомӯз кардан	[dastomœz kardan]
criar (vt)	калон кардан	[kalon kardan]
quinta (f)	ферма	[ferma]
aves (f pl) domésticas	паррандаи хонагӣ	[parrandai χonagi:]
gado (m)	чорво	[tʃorvo]
rebanho (m), manada (f)	пода	[poda]
estábulo (m)	саисхона, аспхона	[saisχona], [aspχona]
pocilga (f)	хукхона	[χukχona]
estábulo (m)	оғил, говхона	[oʁil], [govχona]
coelheira (f)	харгӯшхона	[χargœʃχona]
galinheiro (m)	мурғхона	[murʁχona]

90. Pássaros

pássaro (m), ave (f)	паранда	[paranda]
pombo (m)	кафтар	[kaftar]
pardal (m)	гунчишк, чумчук	[gundʒiʃk], [tʃumtʃuk]
chapim-real (m)	фотимачумчук	[fotimatʃumtʃuq]
pega-rabuda (f)	акка	[akka]
corvo (m)	зоғ	[zoʁ]

gralha (f) cinzenta	зоғи ало	[zoʁi alo]
gralha-de-nuca-cinzenta (f)	зоғча	[zoʁtʃa]
gralha-calva (f)	шӯрнӯл	[ʃœrnœl]
pato (m)	мурғобӣ	[murʁobi:]
ganso (m)	қоз, ғоз	[qoz], [ʁoz]
faisão (m)	тазарв	[tazarv]
águia (f)	укоб	[ukob]
açor (m)	пайғу	[pajʁu]
falcão (m)	боз, шоҳин	[boz], [ʃohin]
abutre (m)	каргас	[kargas]
condor (m)	кондор	[kondor]
cisne (m)	қу	[qu]
grou (m)	куланг, турна	[kulang], [turna]
cegonha (f)	лаклак	[laklak]
papagaio (m)	тӯтӣ	[tœti:]
beija-flor (m)	колибри	[kolibri]
pavão (m)	товус	[tovus]
avestruz (m)	шутурмурғ	[ʃuturmurʁ]
garça (f)	ҳавосил	[havosil]
flamingo (m)	бутимор	[butimor]
pelicano (m)	мурғи саққо	[murʁi saqqo]
rouxinol (m)	булбул	[bulbul]
andorinha (f)	фароштурук	[faroʃturuk]
tordo-zornal (m)	дурроч	[durrodʒ]
tordo-músico (m)	дуррочи хушхон	[durrodʒi xuʃxon]
melro-preto (m)	дуррочи сиёҳ	[durrodʒi sijɔh]
andorinhão (m)	досак	[dosak]
cotovia (f)	чӯр, чаковак	[dʒœr], [tʃakovak]
codorna (f)	бедона	[bedona]
cuco (m)	фохтак	[foxtak]
coruja (f)	бум, чуғз	[bum], [dʒuʁz]
corujão, bufo (m)	чуғз	[tʃuʁz]
tetraz-grande (m)	дурроч	[durrodʒ]
tetraz-lira (m)	титав	[titav]
perdiz-cinzenta (f)	кабк, каклик	[kabk], [kaklik]
estorninho (m)	сор, соч	[sor], [sotʃ]
canário (m)	канарейка	[kanarejka]
galinha-do-mato (f)	рябчик	[rjabtʃik]
tentilhão (m)	саъва	[sa'va]
dom-fafe (m)	севғар	[sevʁar]
gaivota (f)	моҳихӯрак	[mohixœrak]
albatroz (m)	уқоби баҳрӣ	[uqobi bahri:]
pinguim (m)	пингвин	[pingvin]

91. Peixes. Animais marinhos

brema (f)	симмоҳӣ	[simmohi:]
carpa (f)	капур	[kapur]
perca (f)	аломоҳӣ	[alomohi:]
siluro (m)	лаққамоҳӣ	[laqqamohi:]
lúcio (m)	шӯртан	[ʃœrtan]
salmão (m)	озодмоҳӣ	[ozodmohi:]
esturjão (m)	тосмоҳӣ	[tosmohi:]
arenque (m)	шӯрмоҳӣ	[ʃœrmohi:]
salmão (m)	озодмоҳӣ	[ozodmoxi:]
cavala, sarda (f)	зағӯтамоҳӣ	[zaʁœtamohi:]
solha (f)	камбала	[kambala]
lúcio perca (m)	суфмоҳӣ	[sufmohi:]
bacalhau (m)	равғанмоҳӣ	[ravʁanmohi:]
atum (m)	самак	[samak]
truta (f)	гулмоҳӣ	[gulmohi:]
enguia (f)	мормоҳӣ	[mormohi:]
raia elétrica (f)	скати барқдор	[skati barqdor]
moreia (f)	мурена	[murena]
piranha (f)	пираня	[piranja]
tubarão (m)	наҳанг	[nahang]
golfinho (m)	делфин	[delfin]
baleia (f)	кит, наҳанг	[kit], [nahang]
caranguejo (m)	харчанг	[xartʃang]
medusa, alforreca (f)	медуза	[meduza]
polvo (m)	ҳаштпо	[haʃtpo]
estrela-do-mar (f)	ситораи баҳрӣ	[sitorai bahri:]
ouriço-do-mar (m)	хорпушти баҳрӣ	[xorpuʃti bahri:]
cavalo-marinho (m)	аспакмоҳӣ	[aspakmohi:]
ostra (f)	садафак	[sadafak]
camarão (m)	креветка	[krevetka]
lavagante (m)	харчанги баҳрӣ	[xartʃangi bahri:]
lagosta (f)	лангуст	[langust]

92. Amfíbios. Répteis

serpente, cobra (f)	мор	[mor]
venenoso	заҳрдор	[zahrdor]
víbora (f)	мори афъӣ	[mori afʼi:]
cobra-capelo, naja (f)	мори айнакдор, кӯбро	[mori ajnakdor], [kœbro]
pitão (m)	мори печон	[mori petʃon]
jiboia (f)	мори печон	[mori petʃon]
cobra-de-água (f)	мори обӣ	[mori obi:]

| cascavel (f) | шақшақамор | [ʃaqʃaqamor] |
| anaconda (f) | анаконда | [anakonda] |

lagarto (m)	калтакалос	[kaltakalos]
iguana (f)	сусмор, игуана	[susmor], [iguana]
varano (m)	сусмор	[susmor]
salamandra (f)	калтакалос	[kaltakalos]
camaleão (m)	бӯқаламун	[bœqalamun]
escorpião (m)	каждум	[kaʒdum]

tartaruga (f)	сангпушт	[sangpuʃt]
rã (f)	қурбоққа	[qurboqqa]
sapo (m)	ғук, қурбоққаи чӯлӣ	[ʁuk], [qurboqqai ʧœli:]
crocodilo (m)	тимсоҳ	[timsoh]

93. Insetos

inseto (m)	ҳашарот	[haʃarot]
borboleta (f)	шапалак	[ʃapalak]
formiga (f)	мӯрча	[mœrʧa]
mosca (f)	магас	[magas]
mosquito (m)	пашша	[paʃʃa]
escaravelho (m)	гамбуск	[gambusk]

vespa (f)	ору	[oru]
abelha (f)	занбӯри асал	[zanbœri asal]
mamangava (f)	говзанбӯр	[govzanbœr]
moscardo (m)	ғурмагас	[ʁurmagas]

| aranha (f) | тортанак | [tortanak] |
| teia (f) de aranha | тори тортанак | [tori tortanak] |

libélula (f)	сӯзанак	[sœzanak]
gafanhoto-do-campo (m)	малах	[malaχ]
traça (f)	шапалак	[ʃapalak]

barata (f)	нонхӯрак	[nonχœrak]
carraça (f)	кана	[kana]
pulga (f)	кайк	[kajk]
borrachudo (m)	пашша	[paʃʃa]

gafanhoto (m)	малах	[malaχ]
caracol (m)	тӯкумшуллуқ	[tœkumʃulluq]
grilo (m)	чирчирак	[ʧirʧirak]
pirilampo (m)	шабтоб	[ʃabtob]
joaninha (f)	момохолак	[momoχolak]
besouro (m)	гамбуски саврӣ	[gambuski savri:]

sanguessuga (f)	шуллук	[ʃulluk]
lagarta (f)	кирм	[kirm]
minhoca (f)	кирм	[kirm]
larva (f)	кирм	[kirm]

FLORA

94. Árvores

árvore (f)	дарахт	[daraχt]
decídua	паҳнбарг	[pahnbarg]
conífera	... и сӯзанбарг	[i sœzanbarg]
perene	ҳамешасабз	[hameʃasabz]
macieira (f)	дарахти себ	[daraχti seb]
pereira (f)	дарахти нок	[daraχti nok]
cerejeira (f)	дарахти гелос	[daraχti gelos]
ginjeira (f)	дарахти олуболу	[daraχti olubolu]
ameixeira (f)	дарахти олу	[daraχti olu]
bétula (f)	тӯс	[tœs]
carvalho (m)	булут	[bulut]
tília (f)	зерфун	[zerfun]
choupo-tremedor (m)	сиёҳбед	[sijɔhbed]
bordo (m)	заранг	[zarang]
espruce-europeu (m)	коч, ел	[kodʒ], [el]
pinheiro (m)	санавбар	[sanavbar]
alerce, lariço (m)	кочи баргрез	[kodʒi bargrez]
abeto (m)	пихта	[piχta]
cedro (m)	дарахти чалғӯза	[daraχti dʒalʁœza]
choupo, álamo (m)	сафедор	[safedor]
tramazeira (f)	ғубайро	[ʁubajro]
salgueiro (m)	бед	[bed]
amieiro (m)	роздор	[rozdor]
faia (f)	бук, олаш	[buk], [olaʃ]
ulmeiro (m)	дарахти ларг	[daraχti larg]
freixo (m)	шумтол	[ʃumtol]
castanheiro (m)	шоҳбулут	[ʃohbulut]
magnólia (f)	магнолия	[magnolija]
palmeira (f)	нахл	[naχl]
cipreste (m)	дарахти сарв	[daraχti sarv]
mangue (m)	дарахти анбаҳ	[daraχti anbah]
embondeiro, baobá (m)	баобаб	[baobab]
eucalipto (m)	эвкалипт	[ɛvkalipt]
sequoia (f)	секвойя	[sekvojja]

95. Arbustos

arbusto (m)	бутта	[butta]
arbusto (m), moita (f)	бутта	[butta]

videira (f)	ток	[tok]
vinhedo (m)	токзор	[tokzor]
framboeseira (f)	тамашк	[tamaʃk]
groselheira-preta (f)	қоти сиёх	[qoti sijɔh]
groselheira-vermelha (f)	коти сурх	[koti surχ]
groselheira (f) espinhosa	бектошй	[bektoʃi:]
acácia (f)	акатсия, ақоқиё	[akatsija], [aqoqijɔ]
bérberis (f)	буттаи зирк	[buttai zirk]
jasmim (m)	ёсуман	[jɔsuman]
junípero (m)	арча, ардач	[artʃa], [ardadʒ]
roseira (f)	буттаи гул	[buttai gul]
roseira (f) brava	хуч	[χutʃ]

96. Frutos. Bagas

fruta (f)	мева, самар	[meva], [samar]
frutas (f pl)	меваҳо, самарҳо	[mevaho], [samarho]
maçã (f)	себ	[seb]
pera (f)	мурӯд, нок	[murœd], [nok]
ameixa (f)	олу	[olu]
morango (m)	қулфинай	[qulfinaj]
ginja (f)	олуболу	[olubolu]
cereja (f)	гелос	[gelos]
uva (f)	ангур	[angur]
framboesa (f)	тамашк	[tamaʃk]
groselha (f) preta	қоти сиёх	[qoti sijɔh]
groselha (f) vermelha	коти сурх	[koti surχ]
groselha (f) espinhosa	бектошй	[bektoʃi:]
oxicoco (m)	клюква	[kljukva]
laranja (f)	афлесун, пӯртахол	[aflesun], [pœrtaχol]
tangerina (f)	норанг	[norang]
ananás (m)	ананас	[ananas]
banana (f)	банан	[banan]
tâmara (f)	хурмо	[χurmo]
limão (m)	лиму	[limu]
damasco (m)	дарахти зардолу	[daraχti zardolu]
pêssego (m)	шафтолу	[ʃaftolu]
kiwi (m)	кивй	[kivi:]
toranja (f)	норинч	[norindʒ]
baga (f)	буттамева	[buttameva]
bagas (f pl)	буттамеваҳо	[buttamevaho]
arando (m) vermelho	брусника	[brusnika]
morango-silvestre (m)	тути заминй	[tuti zamini:]
mirtilo (m)	черника	[tʃernika]

97. Flores. Plantas

flor (f)	гул	[gul]
ramo (m) de flores	дастаи гул	[dastai gul]
rosa (f)	гул, гули садбарг	[gul], [guli sadbarg]
tulipa (f)	лола	[lola]
cravo (m)	гули мехак	[guli meχak]
gladíolo (m)	гули ёқут	[guli jɔqut]
centáurea (f)	тугмагул	[tugmagul]
campânula (f)	гули момо	[guli momo]
dente-de-leão (m)	коқу	[kɔqu]
camomila (f)	бобуна	[bobuna]
aloé (m)	уд, сабр, алоэ	[ud], [sabr], [aloɛ]
cato (m)	гули ханчарй	[guli χandʒari:]
fícus (m)	тутанчир	[tutandʒir]
lírio (m)	савсан	[savsan]
gerânio (m)	анчибар	[andʒibar]
jacinto (m)	сунбул	[sunbul]
mimosa (f)	нозгул	[nozgul]
narciso (m)	наргис	[nargis]
capuchinha (f)	настаран	[nastaran]
orquídea (f)	сахлаб, сӯхлаб	[sahlab], [sœhlab]
peónia (f)	гули ашрафй	[guli aʃrafi:]
violeta (f)	бунафша	[bunaʃʃa]
amor-perfeito (m)	бунафшаи фарангй	[bunaʃʃai farangi:]
não-me-esqueças (m)	марзангӯш	[marzangœʃ]
margarida (f)	гули марворидак	[guli marvoridak]
papoula (f)	кӯкнор	[kœknor]
cânhamo (m)	бангдона, канаб	[bangdona], [kanab]
hortelã (f)	пудина	[pudina]
lírio-do-vale (m)	гули барфак	[guli barfak]
campânula-branca (f)	бойчечак	[bojʧeʧak]
urtiga (f)	газна	[gazna]
azeda (f)	шилха	[ʃilχa]
nenúfar (m)	нилуфари сафед	[nilufari safed]
feto (m), samambaia (f)	фарн	[farn]
líquen (m)	гулсанг	[gulsang]
estufa (f)	гулхона	[gulχona]
relvado (m)	чаман, сабзазор	[ʧaman], [sabzazor]
canteiro (m) de flores	гулзор	[gulzor]
planta (f)	растанӣ	[rastani:]
erva (f)	алаф	[alaf]
folha (f) de erva	хас	[χas]

folha (f)	барг	[barg]
pétala (f)	гулбарг	[gulbarg]
talo (m)	поя	[poja]
tubérculo (m)	бех, дона	[beχ], [dona]

| broto, rebento (m) | неш | [neʃ] |
| espinho (m) | хор | [χor] |

florescer (vi)	гул кардан	[gul kardan]
murchar (vi)	пажмурда шудан	[paʒmurda ʃudan]
cheiro (m)	бӯй	[bœj]
cortar (flores)	буридан	[buridan]
colher (uma flor)	кандан	[kandan]

98. Cereais, grãos

grão (m)	дона, ғалла	[dona], [ʁalla]
cereais (plantas)	растаниҳои ғалладона	[rastanihoi ʁalladona]
espiga (f)	хӯша	[χœʃa]

trigo (m)	гандум	[gandum]
centeio (m)	чавдор	[dʒavdor]
aveia (f)	хуртумон	[hurtumon]
milho-miúdo (m)	арзан	[arzan]
cevada (f)	чав	[dʒav]

milho (m)	чуворимакка	[dʒuvorimakka]
arroz (m)	шолӣ, биринч	[ʃoli:], [birindʒ]
trigo-sarraceno (m)	марчумак	[mardʒumak]

ervilha (f)	нахӯд	[naχœd]
feijão (m)	лӯбиё	[lœbijɔ]
soja (f)	соя	[soja]
lentilha (f)	наск	[nask]
fava (f)	лӯбиё	[lœbijɔ]

PAÍSES DO MUNDO

99. Países. Parte 1

Afeganistão (m)	**Афғонистон**	[afʁoniston]
África do Sul (f)	**Африқои Ҷанубӣ**	[afriqoi ʤanubi:]
Albânia (f)	**Албания**	[albanija]
Alemanha (f)	**Олмон**	[olmon]
Arábia (f) Saudita	**Арабистони Саудӣ**	[arabistoni saudi:]
Argentina (f)	**Аргентина**	[argentina]
Arménia (f)	**Арманистон**	[armaniston]
Austrália (f)	**Австралия**	[avstralija]
Áustria (f)	**Австрия**	[avstrija]
Azerbaijão (m)	**Озарбойҷон**	[ozarbojʤon]
Bahamas (f pl)	**Ҷазираҳои Багам**	[ʤazirahoi bagam]
Bangladesh (m)	**Бангладеш**	[bangladeʃ]
Bélgica (f)	**Белгия**	[belgija]
Bielorrússia (f)	**Беларус**	[belarus]
Bolívia (f)	**Боливия**	[bolivija]
Bósnia e Herzegovina (f)	**Босния ва Ҳерсеговина**	[bosnija va hersegovina]
Brasil (m)	**Бразилия**	[brazilija]
Bulgária (f)	**Булғористон**	[bulʁoriston]
Camboja (f)	**Камбоҷа**	[kambodʒa]
Canadá (m)	**Канада**	[kanada]
Cazaquistão (m)	**Қазоқистон**	[qazoqiston]
Chile (m)	**Чиле**	[ʧile]
China (f)	**Чин**	[ʧin]
Chipre (m)	**Кипр**	[kipr]
Colômbia (f)	**Колумбия**	[kolumbija]
Coreia do Norte (f)	**Кореяи Шимолӣ**	[korejai ʃimoli:]
Coreia do Sul (f)	**Кореяи Ҷанубӣ**	[korejai ʤanubi:]
Croácia (f)	**Хорватия**	[χorvatija]
Cuba (f)	**Куба**	[kuba]
Dinamarca (f)	**Дания**	[danija]
Egito (m)	**Миср**	[misr]
Emirados Árabes Unidos	**Иморатҳои Муттаҳидаи Араб**	[imorathoi muttahidai arab]
Equador (m)	**Эквадор**	[ɛkvador]
Escócia (f)	**Шотландия**	[ʃotlandija]
Eslováquia (f)	**Словакия**	[slovakija]
Eslovénia (f)	**Словения**	[slovenija]
Espanha (f)	**Испониё**	[isponijɔ]
Estados Unidos da América	**Иёлоти Муттаҳидаи Америка**	[ijɔloti muttahidai amerika]
Estónia (f)	**Эстония**	[ɛstonija]

| Finlândia (f) | Финланд | [finland] |
| França (f) | Фаронса | [faronsa] |

100. Países. Parte 2

Gana (f)	Гана	[gana]
Geórgia (f)	Гурчистон	[gurʤiston]
Grã-Bretanha (f)	Инглистон	[ingliston]
Grécia (f)	Юнон	[junon]
Haiti (m)	Гаити	[gaiti]
Hungria (f)	Маҷористон	[madʒoriston]
Índia (f)	Ҳиндустон	[hinduston]

Indonésia (f)	Индонезия	[indonezija]
Inglaterra (f)	Англия	[anglija]
Irão (m)	Эрон	[ɛron]
Iraque (m)	Ироқ	[iroq]
Irlanda (f)	Ирландия	[irlandija]
Islândia (f)	Исландия	[islandija]
Israel (m)	Исроил	[isroil]

Itália (f)	Итолиё	[itolijo]
Jamaica (f)	Ямайка	[jamajka]
Japão (m)	Жопун, Чопон	[ʒopun], [ʤopon]
Jordânia (f)	Урдун	[urdun]
Kuwait (m)	Кувайт	[kuvajt]

| Laos (m) | Лаос | [laos] |
| Letónia (f) | Латвия | [latvija] |

Líbano (m)	Лубнон	[lubnon]
Líbia (f)	Либия	[libija]
Liechtenstein (m)	Лихтенштейн	[liχtenʃtejn]
Lituânia (f)	Литва	[litva]
Luxemburgo (m)	Люксембург	[ljuksemburg]

| Macedónia (f) | Мақдуния | [maqdunija] |
| Madagáscar (m) | Мадагаскар | [madagaskar] |

Malásia (f)	Малайзия	[malajzija]
Malta (f)	Малта	[malta]
Marrocos	Марокаш	[marokaʃ]
México (m)	Мексика	[meksika]
Myanmar (m), Birmânia (f)	Мянма	[mjanma]

| Moldávia (f) | Молдова | [moldova] |
| Mónaco (m) | Монако | [monako] |

Mongólia (f)	Муғулистон	[muʁuliston]
Montenegro (m)	Монтенегро	[montenegro]
Namíbia (f)	Намибия	[namibija]
Nepal (m)	Непал	[nepal]
Noruega (f)	Норвегия	[norvegija]
Nova Zelândia (f)	Зеландияи Нав	[zelandijai nav]

101. Países. Parte 3

Países (m pl) Baixos	Холанд	[holand]
Palestina (f)	Фаластин	[falastin]
Panamá (m)	Панама	[panama]
Paquistão (m)	Покистон	[pokiston]
Paraguai (m)	Парагвай	[paragvaj]
Peru (m)	Перу	[peru]
Polinésia Francesa (f)	Полинезияи Фаронсавй	[polinezijai faronsavi:]

Polónia (f)	Полша, Лаҳистон	[polʃa], [lahiston]
Portugal (m)	Португалия	[portugalija]
Quénia (f)	Кения	[kenija]
Quirguistão (m)	Қирғизистон	[qirʁiziston]
República (f) Checa	Чехия	[tʃeχija]
República (f) Dominicana	Ҷумҳурии Доминикан	[dʒumhuri:i dominikan]
Roménia (f)	Руминия	[ruminija]

Rússia (f)	Россия	[rossija]
Senegal (m)	Сенегал	[senegal]
Sérvia (f)	Сербия	[serbija]
Síria (f)	Сурия	[surija]
Suécia (f)	Шветсия	[ʃvetsija]
Suíça (f)	Швейсария	[ʃvejsarija]
Suriname (m)	Суринам	[surinam]

Tailândia (f)	Таиланд	[tailand]
Taiwan (m)	Тайван	[tajvan]
Tajiquistão (m)	Тоҷикистон	[todʒikiston]
Tanzânia (f)	Танзания	[tanzanija]
Tasmânia (f)	Тасмания	[tasmanija]
Tunísia (f)	Тунис	[tunis]
Turquemenistão (m)	Туркманистон	[turkmaniston]

Turquia (f)	Туркия	[turkija]
Ucrânia (f)	Украйина	[ukrajina]
Uruguai (m)	Уругвай	[urugvaj]
Uzbequistão (f)	Ӯзбакистон	[œzbakiston]
Vaticano (m)	Вотикон	[votikon]
Venezuela (f)	Венесуэла	[venesuɛla]
Vietname (m)	Ветнам	[vetnam]
Zanzibar (m)	Занзибар	[zanzibar]

99